La esencia de la pesca a mosca

Miguel Angel García Navas

Autor:

© Miguel Angel García Navas

Montaje de artificiales:

© Bernardo Martínez Carrizo

Fotografías:

© Miguel Angel García Navas, excepto las mencionadas al final del libro

Diseño y maquetación:

© Miguel Angel García Navas

© **La esencia de la pesca a mosca, 2023**

Reservados todos los derechos. Queda prohibida la reproducción total o parcial por cualquier medio o procedimiento, incluidos la reprografía y el tratamiento informático, en forma idéntica, extractada o modificada, en castellano o en cualquier otro idioma.

ISBN: 9798867524241

www.riosdepesca.es

La esencia de la pesca a mosca

Miguel Angel García Navas

Dedicatoria

A mi madre, por su paciencia y comprensión

Contenido

Introducción 13
Las técnicas 15
    Pescando a ninfa y/o perdigón 15
        Pesca a la polaca o a la checa 16
        Pesca al hilo 16
    Pescando a mosca ahogada 17
    Pescando a mosca seca 18
    Pescando a streamer 18
Captura y suelta 19
    El equipo 20
    La pelea 21
    El desanzuelado 22
    La suelta 22
Los insectos 25
    Estructura y morfología externa 26
    Ciclo de vida 27
        Holometábolos 27
        Hemimetábolos 27
    Los insectos de nuestros ríos 28
        Efemerópteros 28
        Tricópteros 30
        Plecópteros 31
        Odonatos 32
        Dípteros 33
        Himenópteros 34
        Otros insectos 35
Los gallos de León 37

Los indios	38
Los pardos	39
El manuscrito de Astorga	**41**
El equipo básico	**49**
La caña	50
El carrete	52
La línea de reserva o backing	54
La línea o cola de rata	54
El bajo de línea o leader	57
El terminal o tippet	58
El vadeador	59
La bota de vadeo	60
Otros accesorios	61
La línea de pesca	**63**
Los nudos	64
Arbor knot	64
Albright knot	65
Needle knot	66
Nudo de cirujano	67
Clinch knot mejorado	67
El indicador de picada	68
Las herramientas de montaje	**71**
El torno	72
El portabobinas	73
Las pinzas de hackle	73
El punzón	74
Las tijeras	74
El igualador de pelo o plumas	75
El cardador de dubbing	75

El anudador	76
El pasador de hilo	76
Las pinzas	77
El bisturí	77
La linterna ultravioleta	78
Las magic tools	78
El trenzador de dubbing	79
Los materiales de montaje	**81**
Los anzuelos	82
Los hilos y sedas de montaje	84
Los hilos pesados	84
Las plumas	85
Los pelos y las pieles	87
El dubbing	88
Los materiales sintéticos	88
Las bolas y los cuerpos	90
Los barnices y pegamentos	91
Las artificiales	**93**
Las moscas secas	94
Efemerópteros	95
Tricópteros	110
Plecópteros	121
Dípteros	125
Himenópteros	126
Las ninfas	127
Otras artificiales	136
Agradecimientos	**139**

Introducción

No quiero comenzar este libro sin agradecer las muestras de apoyo y afecto recibidas a lo largo de estos años por la página web www.riosdepesca.es, lo que ha motivado que me decidiera a hacer esta publicación, sin más pretensiones que ofrecer una guía de referencia a aquellos pescadores que se inician en esta apasionante modalidad, y porque no, también a todos aquellos pescadores veteranos que deseen resolver alguna duda puntual o curiosidad.

Son ya muchos años acudiendo al río con grandes pescadores y amigos que, a pesar de mi tozudez y terquedad, han intentado trasmitirme sus conocimientos, por lo que este libro es también un homenaje a ellos, por su paciencia y dedicación en una labor que sé, que a menudo no les ha resultado fácil; al menos, de esta manera me aseguro que sus enseñanzas puedan servir a otros en el futuro y no se pierdan en el olvido.

Dicho esto, comenzaremos a hablar sobre la *pesca a mosca*.

Introducción

Considerada por muchos la quintaesencia de la pesca, pero que desde mi modesto punto de vista, es tan divertida y agradecida como cualquier otra modalidad existente en este deporte, sobre todo, si se practica correctamente, es una técnica que consiste en lanzar un señuelo artificial de peso casi inapreciable, que imita a los insectos de los que se alimentan los peces, a través de un movimiento de la caña hacia atrás y hacia adelante que es transmitido a la línea impulsando dicho señuelo.

Principalmente, se suele practicar en lagos, embalses y ríos, aunque también puede practicarse en el mar, y para disfrutar de ella, conviene tener en cuenta algunas indicaciones:

- **Practicar la técnica,** que tal y como hemos adelantado anteriormente, consiste en realizar un movimiento hacia atrás de la caña, haciendo una pequeña pausa que nos permite estirar la línea y que será la responsable de la distancia que alcanzaremos, para a continuación, hacer un movimiento hacia delante de la caña, impulsando así nuestro señuelo y colocándolo a la distancia que nos permita engañar al pez que queremos capturar.

- **Observar,** tanto la zona objeto de pesca, buscando las posturas más idóneas, como los insectos de los que se están alimentando los peces en cada momento.

- **Presentar correctamente la artificial,** para de esta manera, intentar engañar al pez, incitándolo a comer nuestro señuelo.

De estas tres indicaciones, quizás sea la presentación la parte más complicada de dominar y la que más frustraciones causa, debido principalmente al rechazo continuo que se produce lance tras lance, pero que una vez realizada correctamente, posando la artificial de manera natural y a la distancia adecuada, nos deparará una sensación que no se puede describir con palabras.

Las técnicas

El objetivo de este capítulo es presentar a modo de resumen, y únicamente para su conocimiento, las diferentes técnicas que podemos encontrar cuando pescamos a mosca; seguramente, existirá alguna más, pero me limito a enumerar aquellas que conozco personalmente y/o he practicado en alguna ocasión.

Pescando a ninfa y/o perdigón

Como veremos en el capítulo dedicado a los insectos, casi todos ellos, pasan más tiempo en estado inmaduro viviendo bajo el agua que en estado adulto, el cual, en ocasiones, dura apenas unas horas; por tanto, no es de extrañar que la utilización de esta técnica, sea la que mejores satisfacciones suele dar al pescador deportivo, y no en vano, es una de las más utilizadas en competición.

A la hora de pescar a ninfa y/o perdigón debemos tener en cuenta principalmente tres factores:

- **La adecuada elección de la artificial,** ya que cada masa de agua presenta unos insectos en detrimento de otros.

- **La presentación,** que debe incitar al pez a tomarla como parte de su dieta habitual.

- **La motivación del pez para alimentarse,** que no depende de nosotros y ante la cual, poco podemos hacer.

En función del montaje del aparejo utilizado para la pesca, hay que destacar dos modalidades dentro de esta técnica, la pesca a la polaca o a la checa y la pesca al hilo.

Pesca a la polaca o a la checa

Consiste en lanzar río arriba, dos o tres ninfas lastradas y distribuidas a lo largo de un bajo corto, para luego dejarlas derivar río abajo con la corriente, permitiendo de esta manera trabajar el fondo del río con mayor efectividad.

Hay que tener en cuenta que en muchas zonas de pesca esta modalidad está prohibida, por lo que habrá que tener en cuenta la normativa vigente antes de practicarla.

Pesca al hilo

Consiste en pescar únicamente con un sedal de nailon muy fino de color llamativo, como el naranja o amarillo flúor, al que va unido el terminal, normalmente mediante una microanilla que facilita su cambio cuando sea necesario.

En dicho terminal podremos colocar una ninfa, dos ninfas, o una ninfa y una mosca seca, que habitualmente, puede actuar como indicador de picada.

Una vez más, antes de utilizar esta técnica es recomendable consultar la normativa vigente.

PESCANDO A MOSCA AHOGADA

Las moscas ahogadas han sido uno de los señuelos más utilizados para la pesca de la trucha en los ríos de León a lo largo de la historia, tal y como constata el conocido *Manuscrito de Astorga* de *Juan de Bergara*, y al cual dedicamos un capítulo en este mismo libro.

Estas moscas se utilizan atadas a un aparejo, tradicionalmente conocido como *cuerda*, cuya longitud y número de moscas está condicionado a la longitud de la caña empleada y al tipo de río que queremos pescar.

En este aparejo, las moscas se sujetan a la línea mediante un codal de longitud variable de entre 4 y 7 centímetros, cubriendo de esta manera los diferentes estadios o fases por las que pasan los insectos que pueblan las aguas de los ríos.

En función de su posición en la cuerda, estas moscas reciben diferentes nombres:

- **Bailarín,** es la mosca más próxima al puntero de la caña, con un codal de unos 7 centímetros.

- **Semibailarín,** está colocada a unos 45 centímetros del bailarín, con un codal de unos 6 centímetros.

- **Semiahogada,** se coloca a unos 45 centímetros del semibailarín, con un codal de unos 5 centímetros.

- **Ahogada,** está colocada a unos 45 centímetros de la semiahogada, con un codal de unos 4 centímetros; a partir de esta mosca y a una distancia de unos 40 centímetros, se coloca una boya o buldó.

- **Rastro,** se coloca a unos 40 centímetros después de la boya o buldó; en el verano suele ser muy habitual que las cuerdas empleadas no utilicen esta última mosca.

El montaje de estas artificiales, al más puro estilo tradicional leonés, se realiza sobre anzuelos de paleta, con cuerpos en hilos de seda, brincas en nailon y alas y colas en fibras de pluma de los afamados gallos del valle del río Curueño, a los cuales dedicamos también un capítulo en este libro.

No está de más recordar, una vez más, que para la utilización de este aparejo conviene comprobar en la normativa vigente si su uso está permitido o no.

PESCANDO A MOSCA SECA

Para algunos pescadores, esta técnica, es considerada la pesca a mosca en esencia, siendo la más adecuada cuando los peces están comiendo en superficie debido a las eclosiones de los insectos acuáticos.

En el caso de que no se vea actividad en la zona de pesca, suele emplearse una mosca seca denominada *atractora*, para intentar así, activar y provocar el ataque de los reacios peces.

PESCANDO A STREAMER

Esta técnica consiste en utilizar un señuelo artificial de colores llamativos, al que se dota de un movimiento que trata de imitar a pequeños pececillos o crustáceos heridos o enfermos, para provocar así, el ataque de los peces que deseamos capturar.

Suele ser utilizada para pescar en embalses y lagos, mediante líneas hundidas, aunque nada impide usarla en ríos.

Captura y suelta

No podía escribir un libro sobre la pesca a mosca sin dedicar un capítulo a la modalidad que, desde la web www.riosdepesca.es, defiendo como uno de los medios más importantes y necesarios para mantener la vida en nuestros ríos, pudiendo así practicar nuestra afición durante muchas generaciones; todo ello, desde el respeto a cualquier otra práctica deportiva que el pescador decida utilizar, siempre dentro de lo establecido en la normativa vigente de la zona de pesca en la que se encuentre.

Como habréis podido intuir por el título, esta modalidad no es otra que la *captura y suelta*, o como se conoce en inglés, *catch and release*.

A diferencia de la *pesca sin muerte*, en la que mantenemos en el agua los ejemplares capturados, en condiciones tales, que se garantice su supervivencia hasta la devolución posterior a su medio acuático, la captura y suelta consiste, como su nombre indica, en devolver inmediatamente al agua dichos ejemplares, provocándoles el menor daño posible, evitando así, poner en peligro su supervivencia.

Más que una modalidad de pesca, se podría considerar una filosofía en torno a este deporte, pues como cualquier otra filosofía en la vida, cada uno es libre de practicarla o no; no en vano, la podemos aplicar a cualquier otra modalidad de pesca, complementándola y asegurando así, la vida en nuestros ríos, dado que sin ella, sería imposible practicar nuestra afición; de hecho, existen técnicas de pesca en las que el respeto, cuidado y bienestar del ejemplar capturado prima sobre todo lo demás, como el *carpfishing*.

Para garantizar la supervivencia del ejemplar capturado en las mejores condiciones posibles, voy a dar una serie de consejos que espero os ayuden a liberar con éxito vuestras capturas, porque debéis recordar la máxima que dice, «*lo que dejéis hoy en el río, lo podréis encontrar mañana*».

El equipo

La mayoría de los defensores de esta modalidad, coinciden en que si el ejemplar capturado no está herido y se maneja como es debido, el 100% de ellos se recuperarán sin dificultad, por lo que el equipo utilizado ayuda en esta tarea, recomendándose lo siguiente:

- **Utilizar anzuelos sin muerte,** garantizando con ello, una menor herida, extracción más fácil y menor daño, sin que esto implique la pérdida del ejemplar, ya que si mantenemos la tensión en la línea, no deberíamos tener dificultades a la hora de capturarlo, con independencia del tipo de anzuelo utilizado; en el caso de disponer de anzuelos con arponcillo o muerte, se puede aplastar la rebaba del mismo mediante unos alicates finos, unas pinzas o unos fórceps.

- **Utilizar sedales resistentes,** evitando así, la ruptura del aparejo y por consiguiente que el ejemplar huya con el anzuelo clavado en su boca.

- **Utilizar un salabre o sacadera,** a ser posible de malla fina, de algodón o de cualquier otro material no abrasivo y sin nudos, evitando así, que se dañen las escamas, agallas y ojos del ejemplar capturado.

LA PELEA

Todos los pescadores deportivos que practican esta modalidad coinciden en que los ejemplares trabajados con delicadeza y soltados suavemente, se recuperan con mayor facilidad, por lo que se recomienda:

- **Evitar una larga pelea,** aproximando al ejemplar capturado con rapidez, tratando de agotarlo lo mínimo posible y sobre todo, evitando arrastrarlo por la orilla, el fondo o las piedras.

- **Mantener el ejemplar capturado en el agua,** incluso para calcular su longitud, peso y tomar fotografías o videos; de hecho, aún sabiendo que al pescador le gusta fotografiar sus capturas, mi opinión personal es, que la mejor fotografía que podemos obtener es la que queda en nuestra retina al clavar el pez, para posteriormente verlo alejarse tras su liberación.

- **Evitar daños innecesarios,** para lo cual, deberemos manipular el ejemplar capturado lo mínimo posible y con las manos mojadas, evitando sobre todo, dañar las agallas y la mucosa que los protege de los parásitos y enfermedades de la piel.

EL DESANZUELADO

Para garantizar la supervivencia del ejemplar capturado, es clave extraer el anzuelo con suavidad, utilizando si es necesario un desanzuelador o unos fórceps; para ayudar en esta tarea se recomienda:

- **Manipular correctamente al ejemplar,** para ello, lo agarraremos por el vientre, suavemente y sin oprimirlo, con las manos húmedas y siempre que sea posible dentro del agua.

- **Retirar el anzuelo con delicadeza,** utilizando siempre que sea posible los dedos pulgar e índice, o empleando un desanzuelador o fórceps en el caso que no se pueda acceder a él de manera segura con dichos dedos. Si el anzuelo estuviera profundamente clavado, poniendo en riesgo los órganos internos del ejemplar o provocando una herida mayor, se recomienda cortar el sedal lo más cerca posible del anzuelo, para que de esta manera, sea el propio animal quien lo expulse con el tiempo; existen anzuelos fabricados en materiales que se disuelven por los ácidos estomacales del pez, facilitando su expulsión, y como ya se ha mencionado, los anzuelos sin muerte, ayudan mucho en esta operación.

LA SUELTA

Una vez capturado el ejemplar, debemos de ser conscientes de que ha sido sometido a un gran estrés, por lo que, antes de devolverlo al agua, conviene realizar una serie de operaciones que garanticen su recuperación al 100%, las cuales detallamos a continuación:

- **Liberarlo correctamente,** para ello, nunca debemos arrojarlo de golpe al agua.

- **Ayudarle a respirar,** sujetándolo suavemente bajo el agua con la boca aguas arriba y aplicándole un suave movimiento desde atrás hacia delante, facilitando así su oxigenación; la mejor forma de hacer esta operación es agarrarlo con una mano por la cola y con la otra por el vientre, a la altura de las aletas pectorales, realizando el movimiento de vaivén anteriormente mencionado. Esta operación debe realizarse hasta comprobar que sea el propio ejemplar quien desea escapar, momento en el que lo dejaremos marchar, disfrutando de su liberación, agradeciéndole la experiencia adquirida, deseándole una larga vida y porque no, esperando que nuestros caminos se vuelvan a encontrar en otra jornada inolvidable.

- **Buscar una zona adecuada,** hay que recordar que la pelea habrá sometido al pez a un gran esfuerzo y estrés, por lo que buscaremos una zona donde la corriente no sea demasiado fuerte, evitando así que lo arrastre y golpee con los obstáculos del río.

LOS INSECTOS

Los insectos que pueblan las aguas fluviales de nuestros ríos constituyen una parte muy importante del alimento de los peces, por lo que su identificación a la hora de elegir la artificial adecuada, puede ser determinante para marcar el éxito o el fracaso de nuestra jornada de pesca.

En este capítulo no pretendo realizar un exhaustivo tratado sobre entomología, pues ni soy experto en la materia, ni es el objetivo del libro, simplemente, intentaré dar unas nociones básicas que permitan identificar el tipo de insecto observado en cada momento, para de esta manera, poder elegir el patrón de nuestra artificial adecuadamente.

En el caso de que queráis profundizar más en este tema, os recomiendo el libro *Moscas para la Pesca* de *Rafael del Pozo Obeso*, un libro que considero de obligada lectura para todo aquel que desee iniciarse en esta modalidad.

Estructura y morfología externa

Las partes básicas de un insecto que debemos conocer y poder identificar, sobre todo, si decidimos montar nuestras propias artificiales, son:

- **Cabeza,** está situada en la parte anterior del cuerpo y contiene los ojos, el aparato bucal y las antenas.

- **Tórax,** situado a continuación de la cabeza, en la parte media del insecto, está compuesto de tres segmentos, cada uno de los cuales posee un par de patas, y los dos últimos un par de alas, cuando éstas están presentes.

- **Patas,** unidas a los segmentos del tórax por la cadera o *coxa*, en ellas identificamos cuatro partes, el *trocánter* y el *fémur*, que normalmente forman un conjunto rígido que se une a la cadera, la *tibia*, que en algunos insectos presenta pequeñas espinas o espolones, y los *tarsos*, un conjunto compuesto de pequeños artejos, el último de los cuales, lleva las uñas o garfios con las que el insecto se fija a los objetos.

- **Alas,** situadas en los dos últimos segmentos del tórax, en aquellos insectos que las poseen, son la prolongación membranosa de la envoltura dérmica, y se sostienen por un conjunto reticulado de venas más duras y resistentes que las refuerzan y dan consistencia.

- **Abdomen,** situado a continuación del tórax, en la parte posterior del insecto, está compuesto por entre nueve y once segmentos, según la especie; contiene los órganos sexuales, y en algunos casos, el último segmento tiene dos o tres colas o cercos.

Ciclo de vida

A lo largo de su vida, los insectos pasan por diferentes estadios o fases, pudiendo pasar por todos, como los *holometábolos*, que sufren una metamorfosis completa o verdadera, o sólo por algunos, como los *hemimetábolos*, que sufren metamorfosis parciales o incompletas.

Holometábolos

Estos insectos sufren una reestructuración interna total que se lleva a cabo en un estadio de pupa; las fases por la que pasan hasta alcanzar su forma adulta son:

- **Larva,** que sale del huevo y se alimenta hasta alcanzar el tamaño necesario para formar la pupa o crisálida.
- **Pupa,** donde se produce la metamorfosis total a través de diversas mutaciones, resultando al final, un insecto totalmente diferente al inicial.
- **Imago,** última fase en la que el insecto ya es adulto y capaz de reproducirse; finaliza con la muerte del mismo, una vez realizado el proceso de reproducción.

Hemimetábolos

Estos insectos sufren varias metamorfosis incompletas a través de mudas de su exoesqueleto, hasta alcanzar su forma adulta, para ello, pasarán por las siguientes fases:

- **Larva,** que en cada muda rompe su exoesqueleto, que se ha quedado pequeño, emergiendo un insecto que cada vez se parece más al individuo adulto.
- **Ninfa,** es la fase en la que las larvas cuentan ya con el saco alar, de donde surgirán las alas del insecto adulto.

- **Subimago,** es la fase previa a la última muda en la que finalizan su transformación; cabe destacar que no todos los insectos hemimetábolos pasan por esta fase.

- **Imago,** es la última fase de la metamorfosis, en la que el insecto ya se ha transformado en su forma adulta y es capaz de reproducirse.

LOS INSECTOS DE NUESTROS RÍOS

Los insectos, son el grupo de animales con mayor número de especies distribuidas a lo largo del planeta, y por su interés e importancia para la pesca, vamos a detallar las diferentes órdenes que pueblan las aguas de nuestros ríos.

EFEMERÓPTEROS

Su nombre hace referencia a la efímera vida de los ejemplares adultos, algunos de los cuales, viven solamente un día.

Son insectos hemimetábolos, y su ciclo de vida, que suele durar en torno a un año, se inicia con la puesta de los huevos, bien en la superficie del agua, bien bajo ella, dependiendo de la especie, de los que nacen las larvas, que mediante diversas mutaciones se transforman en ninfas, las cuales, llegado el momento, ascienden a la superficie, emergiendo y transformándose en subimago, para finalmente, transformarse en imago o insecto adulto.

Los adultos son muy fáciles de identificar, gracias a sus cuerpos delicados y alargados, colores parduzcos y amarillentos, largas colas y delgadas alas membranosas, las cuales, en posición de reposo mantienen erguidas verticalmente, bien posadas en la superficie del agua, bien en la vegetación de la orilla, siendo de gran tamaño las anteriores y pequeñas las posteriores, cuando éstas están presentes.

Sus larvas y ninfas son herbívoras o detritívoras, alimentándose de las pequeñas algas y detritos que encuentran en el fondo de los ríos donde habitan; adoptan tonalidades acordes a dichos fondos, como marrones, olivas, negras, etc., que les permiten camuflarse con el entorno; por sus costumbres y morfología, las podemos clasificarlas en:

- **Excavadoras,** son de gran tamaño y tienen potentes mandíbulas y grandes patas frontales y traseras que utilizan para cavar sus guaridas; podemos encontrarlas en los fondos arenosos de los ríos, excavando túneles y galerías.

- **Rastreadoras,** se caracterizan por tener agallas en forma de fibras ubicadas en el abdomen, cabeza más bien cuadrada y un cuerpo semirectangular; podemos encontrarlas en los fondos cenagosos de los ríos.

- **Nadadoras,** con sus estilizados cuerpos, delgados y cónicos, formas hidrodinámicas y patas muy delgadas, nos las podemos encontrar en las aguas tranquilas y lentas de nuestros ríos, ya que dichos cuerpos, están especialmente diseñados para desplazarse con facilidad en ese tipo de aguas.

- **Deprimidas,** caracterizadas por presentar una cabeza ancha y plana, donde se ubican los ojos, y tener cuerpos delgados, planos o aplastados que les permiten moverse con facilidad entre las piedras de los ríos caudalosos de montaña.

TRICÓPTEROS

Son insectos que tienen un ciclo de vida holometábolo, que en función de la especie, se inicia con la puesta de los huevos en la superficie del agua, bajo ella o en la vegetación circundante, de los cuales nacerán las larvas, que permanecerán en esta fase bajo el agua aproximadamente un año, hasta que, unos quince días antes de su transformación en insecto adulto, construirán un capullo donde se convertirán en pupas, que a diferencia de las larvas, poseen fuertes patas nadadoras y esbozos alares desarrollados; una vez maduras, las pupas romperán el capullo, nadarán hacia la superficie y rasgarán su exoesqueleto, apareciendo el insecto adulto, muy parecido a una polilla, permaneciendo en este estadio hasta su muerte, una o dos semanas después.

Los insectos adultos se caracterizan por carecer de cercos o colas, poseer antenas, ojos compuestos, palpos maxilares y espolones en las tibias; se identifican fácilmente por sus alas membranosas recubiertas de diminutos pelos o tricos, de ahí su nombre, que en posición de reposo se pliegan sobre el cuerpo de forma característica a modo de tejadillo.

Sus larvas son de colores crema, marrón o verde oliva, muy semejantes en su aspecto a un pequeño gusano; suelen ser herbívoras o detritívoras, si bien, en algunas especies pueden alimentarse de pequeños insectos; todas ellas, construyen un estuche o *canutillo* con materiales que recogen del fondo del río donde habitan, y atendiendo a su comportamiento a la hora de construir este estuche, se pueden clasificar en dos tipos:

- **Campodeiformes,** estas larvas deambulan libremente por los ríos, construyendo su estuche, de manera muy rudimentaria y fijándolo al sustrato, durante la última fase de su ciclo larvario; se caracterizan por tener una cabeza más larga que ancha, un cuerpo ligeramente aplastado, un metatórax parcialmente esclerosado con algunas placas córneas y porque el primer segmento de su abdomen carece de abultamientos.

- **Eruciformes,** son larvas que deambulan por los fondos fluviales desde el inicio de su ciclo larvario protegidas por sus característicos estuches móviles, construidos a base de los materiales que encuentran en su hábitat; se caracterizan por tener una cabeza corta y ancha, un metatórax completamente esclerosado y segmentos del abdomen cilíndricos, presentando el primero de ellos, unos abultamientos muy característicos.

PLECÓPTEROS

Su nombre, derivado del griego, quiere decir *alas plegadas*; son una reliquia de la prehistoria a la que los pescadores conocen habitualmente como *moscas de las piedras*.

Estos insectos nos los podemos encontrar en las aguas rápidas, puras y frías de nuestros ríos de montaña, razón por la cual, su presencia en dichos ríos, constituye un indicador muy bueno de la calidad del agua.

Su ciclo vital, que en algunas especies puede durar hasta tres años, es hemimetábolo; comienza con la puesta de los huevos sobre la superficie del agua, que descenderán y se adherirán a las piedras del fondo, dando lugar a la eclosión de las larvas o ninfas, muy parecidas a los ejemplares adultos pero sin alas; dichas ninfas deambularan libremente por el fondo hasta que alcancen su madurez, momento en el cual saldrán al exterior reptando por las piedras, donde romperán la cutícula que las envuelve, dando lugar el insecto alado adulto.

Los insectos adultos se identifican por sus cuerpos gruesos y blandos, poseen antenas, ojos compuestos, tres ocelos simples, patas robustas con tres tarsos y en algunas de sus especies se aprecian dos colas, mientras que en otras, o carecen de ellas o las tienen reducidas; las hembras de estos insectos tienen dos pares de alas membranosas, duras y brillantes, que presentan fuertes nerviaciones y reticulaciones, las cuales, en reposo y en función de la especie, se pliegan en abanico sobre su cuerpo en posición plana o convexa; mientras que los machos, carecen de alas o las tienen atrofiadas.

Las larvas o ninfas, conocidas popularmente por los pescadores como *gusarapas*, pueden ser tanto herbívoras como carnívoras, siendo sus tonalidades más típicas el marrón claro, tabaco o gris; se caracterizan por ser grandes y robustas, poseer dos pares de antenas, de un tamaño aproximado a la mitad del cuerpo, carecer de branquias y presentar dos cercos, que en determinadas especies son tan largos como el cuerpo.

ODONATOS

Orden de insectos que engloba dos grupos de una gran belleza, las *libélulas* y los *caballitos del diablo*.

Las libélulas suelen distinguirse por tener un vuelo potente, ser grandes, robustas, con ojos que se tocan en un punto, excepto en la familia *Gomphidae*, y por mantener sus alas desplegadas en posición horizontal cuando están en reposo; mientras que los caballitos del diablo, son más gráciles, con un vuelo menos potente, tienen sus ojos siempre separados, y en posición de reposo, sus alas se disponen perpendiculares a la superficie donde se posan.

Ambos grupos tienen un ciclo vital hemimetábolo similar; suele durar aproximadamente un año y se inicia con la puesta de los huevos en el agua o en las plantas acuáticas cercanas, según la especie, de los cuales, surgen las larvas o ninfas, que una vez maduras ascienden hasta la superficie, bien nadando o bien trepando por la vegetación acuática; una vez expuestas al aire, rasgan su exoesqueleto, eclosionando y apareciendo el insecto adulto o imago.

Sus larvas son temibles depredadoras, alimentándose de otros insectos acuáticos e incluso de organismos más grandes, como pequeños pececillos y renacuajos.

DÍPTEROS

Este grupo de insectos carentes de cola son muy abundantes en la naturaleza; como su nombre indica, se caracterizan por tener un único par de alas anteriores, membranosas y transparentes, ya que sus alas posteriores han quedado atrofiadas y reducidas a los *halterios*, una especie de balancines que les sirven como estabilizadores en el vuelo.

De todos ellos, por su interés para la pesca, hay que mencionar a los *quironómidos*, pequeños mosquitos caracterizados por su tórax abultado, cuerpo estilizado, largas patas, alas estrechas y antenas plumosas en los machos; en su estado adulto, estos insectos no se alimentan, por lo que no pican, y se dedican en exclusiva a la reproducción.

Son insectos con un ciclo de vida holometábolo, y a lo largo del año, pueden existir varias generaciones que eclosionan en los momentos más cálidos; este ciclo se inicia con la puesta de los huevos en la superficie del agua, de los que nacen las larvas, que una vez alcanzan el estado de pupa y llega el momento de la transformación, se cargan de pequeñas burbujas de aire y ascienden hacia la superficie en posición vertical, surgiendo así, el insecto adulto; es precisamente este momento en el que son más vulnerables, por el tiempo empleado en el proceso, y que es aprovechado por los peces para alimentarse de ellos.

Sus larvas son muy abundantes, con forma vermiforme, colores pardos, crema y en algunas especies, que poseen hemoglobina en su sangre, de color carmesí; su gran mayoría, se alimentan de detritos o materia orgánica en descomposición.

HIMENÓPTEROS

Esta orden de insectos engloba abejas, avispas y hormigas, que son presa fácil de los peces al caer al agua.

Mención especial merecen, por su interés para la pesca, los *formícidos*.

Al final del verano y principios del otoño, especialmente en los momentos del día que preceden a las tormentas, los machos alados de algunas especies, salen en masa a la búsqueda de nuevas reinas, con el objetivo de buscar nuevos emplazamientos y fundar un nuevo hormiguero, cayendo al agua en grandes concentraciones y provocando una frenética y extraordinaria actividad selectiva en los peces, que se dan un festín despreciando incluso, cualquier otro insecto que en aquel momento pueda estar eclosionando.

OTROS INSECTOS

Aunque la gran mayoría de los insectos terrestres mencionados a continuación, no tienen una fase acuática en su ciclo vital, excepto algunos coleópteros, al caer al agua, se convierten en presas que los peces no dudan en engullir.

Por este motivo, finalizamos el capítulo dedicado a la principal fuente de alimento de los protagonistas de nuestro libro, con un resumen sobre los mismos.

- **Ortópteros,** en esta orden de insectos se engloban los saltamontes, langostas, chicharras y grillos, entre otros, siendo muy abundantes en las proximidades de los ríos y cayendo al agua frecuentemente.

- **Coleópteros,** en general, en esta orden se engloban los diferentes tipos de escarabajos existentes, aunque sólo los más pequeños se convertirán en alimento potencial de los peces; entre ellos, cabe destacar a los *girínidos*, una familia de coleópteros acuáticos, cuyas larvas son grandes depredadoras de otros insectos, incluyendo algunos pececillos y renacuajos.

- **Neurópteros,** algunos representantes de este grupo de insectos son presa fácil al caer al agua, de entre los más conocidos por los pescadores, se encuentran las *crisopas*.

Los gallos de León

Hablar de la pesca a mosca y del montaje de sus artificiales, es sin duda alguna, hablar de los gallos de León, cuyas primeras referencias las encontramos hacia el año 1624 en el *Manuscrito de Astorga*, de *Juan de Bergara*, y al que, como no podía ser de otra manera, dedicaremos el siguiente capítulo de este libro.

Circunscrito su hábitat a una pequeña zona de la provincia de León, entre los términos municipales de Boñar, Cistierna y La Vecilla, cualquier intento de sacarlos de dicha zona no ha tenido los resultados esperados en cuanto a la calidad de la pluma obtenida, alimentando de esta manera, la leyenda existente en torno a la cría y alimentación de estos gallos.

Dos son las razas objeto de este capítulo, los *indios* y los *pardos*, siendo la pluma de riñón de cualquiera de ellos, por su tersura, brillo y colorido, una verdadera maravilla y prodigio de la naturaleza.

Tanto en unos como en otros, la calidad de la pluma obtenida es determinada por su brillantez, que debe estar presente en ambas caras, su finura, su flexibilidad, la rectitud de las puntas y el tamaño de la parte aprovechable de la pluma.

Atendiendo a la intensidad del tono de las plumas, los criadores de la zona, suelen emplear diversos términos para catalogarlos, tales como, crudo (oscuro), entretiempo (entre claro y oscuro), maduro (claro), plomizo (color del plomo), cobrizo (color del cobre), ahumado (color del humo), tostado (color de la canela tostada), encendido (color rojizo fuerte y brillante), etc., lo que nos da ya una idea de la increíble cantidad de combinaciones naturales que existen.

Los indios

Estos gallos se caracterizan por su plumaje totalmente liso; atendiendo a su coloración, distinguimos siete variedades:

- **Indio negrisco,** de tonalidad negro brillante.

- **Indio acerado,** con tonalidades que abarcan desde el gris ceniza hasta el gris plomo.

- **Indio avellanado,** del color de la avellana.

- **Indio rubión,** de tonalidad rojiza.

- **Indio plateado,** de tonalidad gris perla, el cual alcanza su máxima calidad cuando es totalmente cristalino.

- **Indio palometa,** de tonalidad blanquecina.

- **Indio sarnoso,** sin brillo ni pureza de color.

LOS PARDOS

A diferencia de los anteriores, estos gallos se caracterizan por su plumaje moteado, que puede ser fino o grueso, pudiendo estar dispuesto de forma regular o salteada; atendiendo a la coloración de fondo de la pluma y al tamaño de dicho moteado, podemos distinguir cinco variedades:

- **Pardo corzuno,** con el moteado abundante sobre fondo claro, similar al pelaje del corzo.

- **Pardo langareto,** con el moteado alargado y separado, siendo de máxima calidad cuando dicho moteado se encuentra dispuesto en bandas paralelas.

- **Pardo aconchado,** cuando el moteado se presenta en bandas circulares, similar a los dibujos de las conchas marinas.

- **Pardo sarrioso,** con el moteado abundante sobre fondo rojizo, similar al pelaje del rebeco.

- **Pardo flor de escoba,** con el moteado más escaso que otras variedades sobre fondo amarillento, similar a las escobas de monte floridas.

EL MANUSCRITO DE ASTORGA

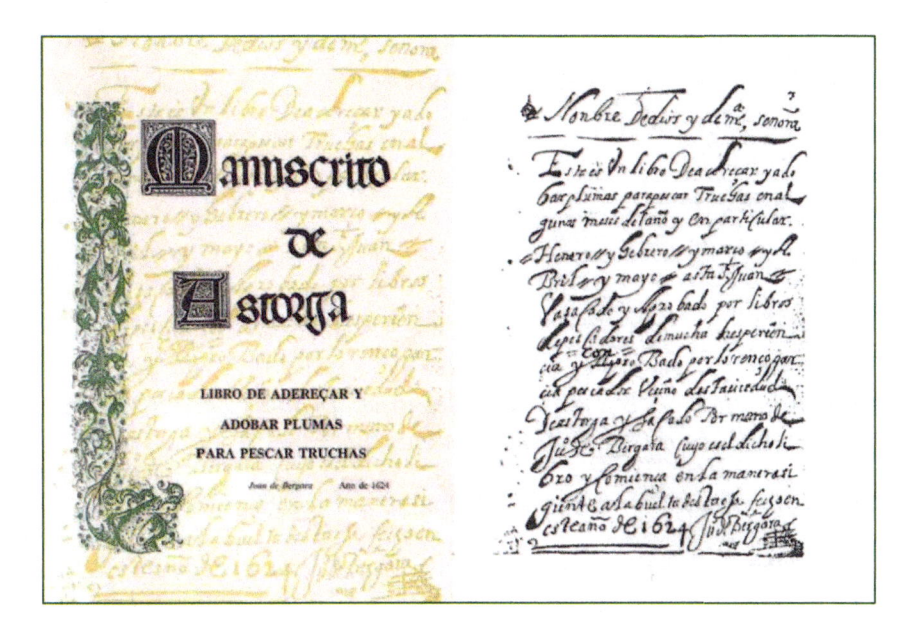

Escrito por *Juan de Bergara* en la ciudad de Astorga, allá por el año de 1624, es el primer catálogo monográfico conocido que clasifica, nomina y explica el montaje de las moscas artificiales utilizadas en la pesca de la trucha.

Dichas moscas, confeccionadas con plumas de gallo, sedas de la época y clasificadas en función de sus meses de utilización, representan una base sólida que todo pescador a mosca que se precie debería conocer, por lo que para facilitar su lectura a todo aquel que esté interesado, en este capítulo transcribiré de manera literal dicho manuscrito, a partir de una copia de un ejemplar que ha llegado a mis manos.

El manuscrito dice así:

En nombre de Dios y de Nuestra Señora

Este es un libro de aderezar y adobar plumas para pescar truchas en algunos meses del año y en particular enero y febrero y marzo y abril y mayo hasta San Juan. Va sacado y aprobado por libros de pescadores de mucha experiencia y comprobado por Lorenzo García, pescador vecino de esta ciudad de Astorga y sacado por mano de Juan de Bergara cuyo es el dicho libro y comienza en la manera siguiente a la vuelta de esta hoja y fue en este año de 1624. Juan de Bergara.

Año 1624

Enero y febrero

Longaretas

Hay tres diferencias de longaretas. La primera de enero lleva un negrisco crudo acerado, luego una pluma de pardo crudo conejado, luego otro negrisco como el primero. Cuerpo seda leonada oscura muerta. Vinco blanco, dura hasta abril.

Otras longaretas reales en febrero y marzo

Llevan los negriscos más claros, la pluma de en medio ha de ser de zarapico real y sino de ganga y a falta de pita ciega de las que tiene debajo de las alas y a falta de éstas sirven de cuco y de codorniz, digo de gangas que tienen debajo de las alas y mejores las primeras. Cuerpo seda leonada muerta oscura y vinco leonado claro. La cabeza como el cuerpo.

Otras longaretas collaradas

Estas tienen el cuerpo largo de una seda encamellada, entran éstas cuando salen las otras, tienen el ala de negriscos claros y en medio una pluma dorada que tenga cuatro o cinco pencas blancas, son buenas de sisón de las que tienen junto al collar. Cuerpo como dije encamellado, vinco seda delgada oscura muy delgado y torcido.

Negriscos

Enaguados acerados corren en enero como los hesmoridos de febrero. Con dos plumas muy aceradas cortas de aristas negras finas. Cuerpo de seda plateada algo oscura, vinco blanco.

Otros negriscos

Corren también en el mes de febrero a marzo otros negriscos negros finos más acerado de pluma corta de arista. Cuerpo de lino negro. Vinco blanco. La cabeza lechada y del mismo vinco.

Otros negriscos en días de sol

De febrero a marzo han de llevar dos plumas cortas de arista arubiscada de negrisco y algo ahumadas de ánade. Cuerpo de lino negro, vinco blanco. La cabeza del cuerpo.

Marzo

Este mes es bonísimo de pesca de vara por ser primavera y soplar aire frío y favonio con las aguas más calientes.

Otros negriscos en marzo

Llevan dos negriscos cortos de arista de color de grulla si se pueden hallar. Cuerpo de lino algo verde. Vinco pruebe el pescador cogerle del mismo lino. Mata en todo tiempo de sazón.

Otros negriscos claros y acerados de marzo

Llevan dos negriscos claros acerados color de espada. Cuerpo de lino verde. Vinco blanco. La cabeza del cuerpo. Mata en días nublados.

En este mes han de ser los negriscos más claros y el cuerpo más verde y los pardos por consiguiente más conejados con dos plumas crudas y una madura en medio.

Pardos de primer tiempo corzunos

Llevan tres plumas conejadas. La de en medio algo más madura y más menuda la obra que las otras dos y han de ser claras y si quiere el pescador puede hacer dos vueltas de negrisco acerado. Cuerpo de lino negro. Vinco leonado y blanco, el leonado muerto no sea muy claro. Luego con estos pardos comienzan a correr los ríos más verdes los cuerpos.

Otro pardo corzuno hasta abril mediado

Lleva un negrisco acerado claro, luego un pardo maduro con una obra negra. Luego otra de pardo más granada. Cuerpo de lino verde. Vinco de seda leonada y blanca. La cabeza del mismo.

Bermejo crudo de mediado de marzo y abril

Lleva un negrisco acerado claro. Luego una de pardo de obra muy menuda que no sea dorada, encima de esta una de picapez. Luego otro negrisco como el primero. Por capa dos vueltas de bermejo de gallo de muladar encendido. Cuerpo de seda avinagrada a manera de acamellado y con un papo y cogote de seda leonada muerta. Vinco azul y blanco delgado y otra roja en el ala. También se puede llevar el cuerpo de tabaco y es muy bueno. La cabeza encarnada y grande.

Esmoridos marzo

Este mes corren los esmoridos en días fríos de plumas muy aceradas y aguadas, cortas de arista. Cuerpo de seda plateada y con vinco blanco. También en abril llevan dos vueltas de picapez.

Pardos cumbones de febrero a marzo

Llevan una pluma de negrisco muy acerada debajo sobre ella dos plumas de pardo de la más negra y saltada obra que se hallare. Cuerpo seda leonada oscura. Vinco seda leonada y cosida de cedazo. Son compañeros de los esmoridos. Matan en días aguanosos fríos.

En este mes de marzo advierte has de pescar con negriscos claros y acerados y bermejos encendidos y forcadinas claras. Matan bien en días de sol.

Forcadinas de enero y febrero

Llevan un negrisco claro debajo, luego una par de moreno que tenga las pencas blancas y negras, luego otro negrisco como el *primero. Cuerpo seda leonada oscura, vinco blanco. La cabeza del cuerpo.*

Encubiertas de febrero en días fríos hasta marzo

Lleva un negrisco debajo algo crudo, luego una pluma del cuello de gallo algo clara con las conchas a manera de las de pita ciega, luego otro negrisco como el primero. Cuerpo de seda plateada algo oscura, el vinco blanco sin costuras. En las montañas y aguas calientes las traen las posturas naranjadas muy delicadas y caen muertas en el agua.

Forcadinas de marzo y abril

Un negrisco vidriado, luego encima una vuelta de pardo granadina obra saltada morena, encima picapez, luego una vuelta de negrisco como el primero y por capa una vuelta de pluma de bermejo algo oscura. Cuerpo seda leonada muerta. Vinco blanco con una bética de naranjado y de tela de cedazo. Y matan cuando llueve todo el día y también sirve el cuerpo de seda acaballada. Vinco blanco y naranjado y el pardo a manera del cuerpo.

Y por compañero un esmolido que lleva un negrisco muy acerado, luego dos vueltas de pluma de picapez, luego otro negrisco como el primero. Cuerpo seda plateada que no sea muy cruda. Vinco blanco. Mata bien.

Por compañero un negrisco acerado la pluma puesta de al revés y otra de al derecho como la primera. Cuerpo se ha de conferir con lino verde, redondo el cuerpo encima una vinca de lino plateado. Vinco blanco, la cabeza leonada oscura. La vincadura vaya redonda.

Encubiertas de marzo

Lleva negrisco vidriado claro, luego una de picapez, luego una de pardo de obra menuda pasada salteada clara, encima otra de negrisco como el primero, otra de gallo de muladar bermejo, de cada cosa una vuelta. Cuerpo de cedazo y vinco blanco y una bética de morado delgado. Mata bien.

Rubia verde famosa

1ª pluma de negrisco pasado dos vueltas, 2ª un pardo de obra menuda, de 3ª otro pardo de obra salteada, 4ª un negrisco más ahumado que el primero con vinco bermejo. Cuerpo de seda bien delgado de capullo verde cocido, una costera por el lomo de seda plateada oscura, papico barroso. Vinco plateado verde cardo. Sirve bien de marzo hasta junio.

Rubia blanca

1ª, un negrisco claro pasado, 2ª una de pardo dorado conchado, 3ª otro negrisco más pasado y claro. En el 1º, cuerpo de seda verdigallo claro y capullo corteza de verdigallo y pajizo. Vinco amarillo naranjado de seda cruda, es para mayo y junio.

Encubiertas de rabo verde

1ª, un negrisco algo claro aceitunado, 2ª, pardo muy menudo, 3ª, otro pardo más conchado y pencas gruesas, 4ª, de gallo ceniciento abermejado, medio cuerpo de seda plateada oscura y costeras de carne de doncella, la colíca de seda verde como olas. Vinco verdigallo no muy claro. Pesca de mayo en adelante.

Encubiertas de cascajal

Naranjada de pluma nacarada, 1ª un negrisco pasado dorado, 2ª, un pardo saltado pencas pardas, 3ª otro negrisco como el primero y más pasado. Cuerpo de seda plateada acernadada, costeras de seda nacarada. Vinco naranjado y seda cruda. Desde mayo en adelante.

Encubierta humirridiza desde marzo

1ª un negrisco ahumado, 2ª un pardo conchado moreno, 3ª otro negrisco más pasado como el primero. Cuerpo de seda verde, costeras seda cruda, carne de doncella. Vinco de seda cruda. Corto y abultado de cuerpo.

Bermejo de marzo a mayo

1ª, una de negrisco transparente y claro dos vueltas, 2ª, pica el pez, 3ª de pardo menudo y saltado. Capa de bermejo de gallo ceniciento. Cuerpo de seda pajiza y capullo bardado y sobado. Vinco pardo muy delgado pajizo y naranjado.

Murón de marzo a mayo para días fríos

1ª, un negrisco pasadito crudo, 2ª, pica el pez, 3ª, un pardo negrestino, 4ª otro negrisco como el primero más ahumadito. Cuerpo de seda morada oscura, costeras de seda leonada. Vinco leonado y blanco.

Cascudo de mayo hasta junio

Por lazar de 1ª, un negrisco vidriado crudo, 2ª otro negrisco negro, 3ª una hilomina, capa de bermejo de muladar sangriento. Cuerpo seda pajiza y encima anaranjada muy clara. Vinco naranjado y pardo. La hembra lleva medio cuerpo hacia la cabeza, dos costeras muy anchas por los lados de seda naranjada.

EL EQUIPO BÁSICO

En este capítulo no pretendo detallar la infinidad de accesorios y equipamiento existente en el mercado para la práctica de esta modalidad de pesca, pues hay tanto y tan variado, que aunque quisiera, me sería imposible; simplemente, trataré de mostrar el equipo mínimo, que desde mi experiencia, es necesario para iniciarnos en la pesca a mosca, con seguridad y confianza; a partir de aquí, el presupuesto y las preferencias de cada uno, definirán el equipo final a utilizar.

A la hora de elegir nuestro equipo de pesca, el precio de sus componentes, si bien, puede marcar alguna diferencia, no es lo principal que hay que tener en cuenta, sobre todo, si estamos empezando; lo principal y más importante, como en cualquier otra modalidad, es que el equipo utilizado esté equilibrado, para de esta manera, obtener el rendimiento máximo para el cual fue diseñado; dicho esto, vamos a tratar un poco más en detalle estos componentes.

La caña

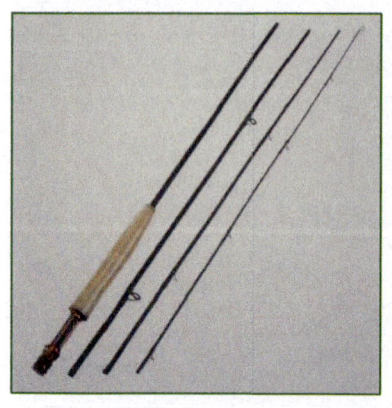

Elemento imprescindible para la práctica de esta modalidad de pesca, sin la cual, no podríamos practicar nuestra afición.

Con el paso del tiempo, la caña de mosca, como habitualmente se conoce, ha ido evolucionando cada vez más, utilizando en su fabricación, materiales cada vez más ligeros, pero manteniendo sus principales características, como son, su alta flexibilidad y su resistencia.

Compuesta de varios tramos enchufables con anillas metálicas o de titanio, normalmente serpentiformes excepto las últimas, que suelen ser de cerámica para facilitar la salida de la línea, está numerada siguiendo las especificaciones de la asociación de fabricantes de material de pesca o *Association of Fishing Tackle Manufacturers*; será este número, el que deberemos usar de referencia para buscar el equilibrio de nuestro equipo, pues marcará, tanto la elección del carrete, línea y bajo de línea que podremos usar, como el tipo y zona más adecuado para su uso.

Su longitud, expresada normalmente en pies, suele variar entre los 7 y los 11 pies (2,13 y 3,35 metros), siendo la de 9 pies (2,74 metros) la más polivalente, aunque como siempre, esto dependerá, tanto de las preferencias de cada uno en la elección de la técnica a utilizar, como de la zona de pesca en la que nos encontremos.

Este tipo de cañas se suelen clasificar en función de su *acción* o capacidad de flexión, la cual, le confiere unas características, que las hacen más o menos apropiadas según que situaciones; en base a esto, encontramos cañas de:

- **Acción lenta o parabólica,** donde la caña se flexiona en toda su longitud, curvándose desde la empuñadura mediante una parábola; esta acción permite un mayor control de la línea durante el lance y unas posadas muy suaves de la mosca, sin embargo, para los principiantes, puede resultar muy lenta.

- **Acción media,** está recomendada para principiantes, la flexión ocurre en el último tercio de la caña, permitiendo así, corregir los errores durante el lance.

- **Acción rápida o de punta,** donde la flexión se produce únicamente en la punta de la caña, consiguiendo lances muy precisos, rápidos, pero bastante complicados de realizar, al menos, hasta que se domina la técnica.

Entre los principales materiales utilizados actualmente para su fabricación, encontramos:

- **Bambú,** en su gran mayoría se trata de cañas de acción media o lenta; normalmente son fabricadas por encargo y de manera artesanal, siendo muy apreciadas por los pescadores a mosca más puristas, sin embargo, como inconvenientes, tienen un mayor peso y mantenimiento.

- **Fibra de carbono,** utilizada en las cañas de gama alta, este material, muy ligero y resistente, permite fabricar cañas perfectamente equilibradas, con diferentes pesos, acciones y resistencias.

- **Fibra de vidrio,** utilizada en las cañas de gama media o baja, este material permite fabricar cañas más baratas que las anteriores, aunque son más pesadas y fatigosas para el pescador, si bien, cumplen perfectamente con su función.

EL CARRETE

Es habitual, en el mundo de la pesca a mosca, escuchar hablar de que el carrete no pasa de ser un elemento cuya única función es almacenar la línea, del cual incluso, se podría prescindir; sin embargo, según mi experiencia, esto no es del todo cierto, sobre todo, en el caso que queramos capturar grandes peces, donde agradeceremos tener un carrete que cuente con un buen sistema de frenado y que nos permita así, dar esos metros al pez de manera rápida, suave y fiable que marcarán la diferencia entre capturarlo o no.

El carrete debe ser ligero y estar equilibrado con la caña y el resto del equipo utilizado, por lo que para su fabricación se utilizan materiales como grafito, aluminio, magnesio, plásticos de alta resistencia, etc., siendo su coste, ligereza, durabilidad y resistencia, función del material utilizado.

Los principales elementos que constituyen un carrete de pesca a mosca son:

- **Bobina,** es el elemento que almacena la línea o *cola de rata* y el *backing* o línea de reserva, siendo la capacidad de dicha bobina, una de las propiedades más importante a considerar, una vez que determinará el tipo de línea y metros de *backing* que podremos usar. Las bobinas se suelen separar del cuerpo del carrete, mediante algún mecanismo diseñado para ello, permitiéndonos de este modo, poder llevar varias líneas montadas en diferentes bobinas que podremos cambiar fácilmente en acción de pesca según nuestras necesidades.

- **Cuerpo,** este elemento es el responsable de sujetar la bobina, mediante un eje diseñado para ello, así como, de contener el mecanismo de frenado, encargado de regular la tensión con la que la línea sale del carrete ante cada tirón del pez.

- **Mecanismo de frenado,** está fabricado con diferentes materiales, pudiendo encontrar, frenos de varios tipos, como los de *disco o teflón*, silenciosos y progresivos que permiten una salida suave de la línea, pero que su uso prolongado hace que se calienten y dejen de funcionar hasta que se enfrían, y los de *carraca*, más económicos, pero ruidosos y bruscos en la salida de la línea. Existen carretes en el mercado que nos permiten regular dicho mecanismo, ajustándolo según nuestras necesidades y los peces que esperamos capturar.

- **Manivela,** es el elemento que permite recoger la línea de manera cómoda para introducirla nuevamente en el carrete.

- **Pie,** es el elemento que nos permite acoplar el carrete al portacarretes de la caña.

Entre los diferentes tipos de carrete que podemos encontrar para la pesca a mosca, destacamos:

- **Manuales,** son los más simples, básicamente consisten en una bobina acoplada al eje del cuerpo, que giraremos manualmente utilizando para ello la manivela.

- **Semiautomáticos,** en éstos, la recogida de la línea se realiza apretando una pequeña palanca que actúa sobre un engranaje, permitiéndonos realizar este proceso de recogida de una manera más rápida, sencilla y cómoda.

LA LÍNEA DE RESERVA O BACKING

Es un hilo de gran resistencia al que va unido la línea o *cola de rata*.

Entre sus principales funciones destacamos: equilibrar el peso de la caña y el carrete, facilitar la salida de la línea de pesca y actuar como hilo de reserva en la captura de grandes peces, los cuales, dado su tamaño, suelen presentar una gran batalla, de ahí, que contar en el carrete con este hilo de reserva sea de agradecer y de gran utilidad, sobre todo, en estas situaciones concretas.

LA LÍNEA O COLA DE RATA

Sin duda alguna, hablamos de otro elemento imprescindible en la práctica de esta modalidad de pesca.

Es un elemento, fabricado con unas características tales, que nos permite colocar un señuelo de un peso casi despreciable a la distancia y en las condiciones que engañen al pez para tomar nuestra artificial, como si de un insecto natural se tratara.

De manera similar al carrete, la numeración de la línea debe estar en consonancia con la de la caña, garantizando así que el conjunto trabaja con eficacia y al máximo rendimiento para el cual fue diseñado, aunque normalmente, un número de línea, por encima o por debajo de la definida en la caña, debería cumplir a la perfección con esta misión; esta numeración varía en función de su peso, siendo el 1 la más ligera y el 15 la más pesada.

Según la especie de pez que vayamos a pescar, la zona y la artificial utilizada, deberemos elegir una numeración u otra, así como, un equipo en consonancia:

- **Líneas 1, 2 y 3,** se utilizan en ríos pequeños para la pesca de bogas, cachos y minitallas en general.

- **Líneas 3, 4 y 5,** utilizadas en ríos para la pesca de la trucha con moscas secas y ninfas.

- **Líneas 5, 6 y 7,** usadas en la pesca de ciprínidos tanto en ríos como en embalses.

- **Líneas del 7 al 10,** están indicadas para la pesca en embalses de especies depredadoras como el lucio o el black-bass.

- **Líneas del 10 al 15,** suelen emplearse en la pesca del salmón en río o para la pesca en el mar.

Normalmente, son fabricadas con materiales naturales, como la seda, o con materiales sintéticos, con un centro o alma de fibra recubierta de material plástico; suelen tener una longitud en torno a los 30 metros, y pueden clasificarse en función de su forma y flotabilidad.

Dependiendo de la profundidad a la que queremos colocar la artificial encontramos líneas:

- **Flotantes (F),** suelen utilizarse en ríos, flotando en la superficie y permitiendo una muy buena presentación de la artificial.

- **Hundidas,** dada su capacidad de hundirse total (S) o parcialmente (FS) y su velocidad de hundimiento, estas líneas se adaptan a las diferentes condiciones de pesca que nos podemos encontrar; las líneas que se hunden totalmente son las más adecuadas para la pesca en lagos y lagunas.

- **Intermedias (I),** como su nombre indica, son líneas que se hunden sólo unos centímetros, utilizadas para vencer el efecto causado por el oleaje, sobre todo en el mar.

En función del peso y del volumen de la artificial que queremos lanzar, utilizaremos una forma u otra de la línea, encontrando:

- **DT o de doble huso,** su peso está repartido a lo largo de toda la línea, siendo los extremos más finos; al no tener una buena penetración en el aire, se utilizan para lances a corta y media distancia con moscas ligeras.

- **WF o de peso adelantado,** su peso está distribuido en uno de los extremos de la línea, permitiéndonos así, aumentar la penetración en el aire y conseguir lances a una mayor distancia, pero provocando que las posadas sean mucho más bruscas; se utilizan para lanzar moscas más pesadas como ninfas y pequeños streamers.

- *Shooting Tapers*, son similares a las WF, pero con una densidad y peso mucho mayor que se concentra en los primeros metros de la línea; se utilizan para la pesca de grandes depredadores que requieren de señuelos mucho más voluminosos.

Los fabricantes suelen utilizar las nomenclaturas anteriores para etiquetar sus líneas, de modo que si encontramos una línea DT-5-F, significa que se trata de una línea 5 de doble huso flotante.

EL BAJO DE LÍNEA O LEADER

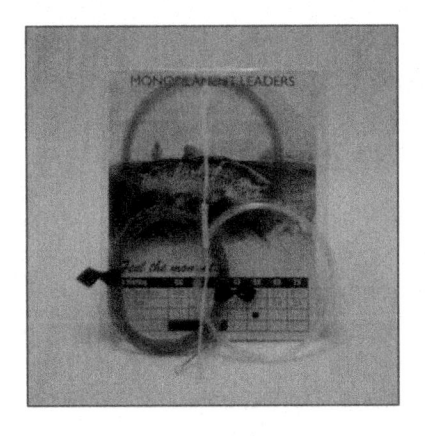

Este elemento permite unir la línea con el terminal, unión que suele realizarse mediante nudos o conectores, si bien, el uso de conectores no suele ser muy recomendable, ya que pueden absorber agua, provocando con ello, una mala presentación de la artificial.

Su longitud suele variar entre los 9 y los 12 pies (2,74 y 3,66 metros), siendo una medida estándar la longitud de la caña; mencionar que, las medidas anteriores no son fijas, ya que este bajo, deberemos alargarlo u acortarlo, en función de las condiciones de pesca y del tamaño de los peces que estemos buscando.

En el mercado, podemos encontrar diferentes tipos de bajos de línea:

- **Cónicos,** son los más utilizados, tienen un diámetro decreciente y pueden ser hundidos o flotantes.

- **Anudados,** son más económicos que los anteriores, e incluso, nos los podemos fabricar nosotros mismos, para ello, anudaremos varios trozos de nailon con diferentes diámetros en sentido decreciente; el principal problema que tienen es que forman nudos con mayor facilidad.

- **Trenzados,** fabricados en seda o nailon trenzado de mayor a menor diámetro proporcionan una posada muy suave, sobre todo los de seda.

EL TERMINAL O TIPPET

Permite unir el bajo de línea con la artificial; su longitud suele variar entre los 0,5 y los 0,75 metros.

Para fabricarlo, usaremos varios hilos de nailon con diámetros de menor tamaño que la parte más delgada del bajo de línea, que uniremos, de mayor a menor, con nudos resistentes como el *nudo de cirujano*; en el caso de la pesca a mosca de grandes depredadores, como el lucio, se utilizan terminales de acero.

Debido al desgaste que sufre este elemento en acción de pesca, es recomendable revisarlo de manera periódica y cambiarlo en cuanto observemos alguna muestra de deterioro, evitando así, la pérdida de la artificial.

Los fabricantes clasifican los hilos que forman los terminales en función de su diámetro, encontrando la siguiente nomenclatura:

- **0X:** 0,28 mm.
- **1X:** 0,25 mm.
- **2X:** 0,23 mm.
- **3X:** 0,20 mm.
- **4X:** 0,18 mm.
- **5X:** 0,15 mm.
- **6X:** 0,13 mm.
- **7X:** 0,10 mm.
- **8X:** 0,08 mm.

EL VADEADOR

Una modalidad de pesca donde prácticamente toda la jornada se desarrolla dentro del agua, requiere de una prenda que nos impermeabilice y proteja desde el pecho hasta los pies.

Esta prenda imprescindible, nos permitirá caminar por el río con seguridad, sorteando todos sus recodos hasta conseguir llegar a una distancia que nos permita colocar la artificial en el punto elegido para engañar al pez.

Entre los diferentes tipos de vadeador que podemos encontrar en el mercado, mencionamos dos:

- **Neopreno,** la principal cualidad es la protección ante el frio, pues este material es el que mejor protege contra las bajas temperaturas, ofreciendo además, una muy buena libertad de movimientos y una gran capacidad de adaptación; sin embargo, su principal inconveniente es que no son transpirables, lo que ante temperaturas más cálidas, nos puede provocar una sensación desagradable debido a nuestro propio sudor. En el mercado, existen vadeadores de neopreno de diferente grosor, de esta manera, controlaremos mejor el grado de protección ante el frio que deseamos obtener.

- **Transpirables,** están fabricados en *Gore-Tex* o tejidos similares, siendo la transpirabilidad y la ligereza, sus principales características; sin embargo, aíslan menos del frio y se pinchan con mucha mayor facilidad que los anteriores, además, suelen dificultar el movimiento por el río; si bien, estos inconvenientes se pueden mitigar empleando ropa térmica, como forros y petos polares,

El equipo básico

adquiriendo una talla superior a la utilizada y eligiendo modelos reforzados de varias capas.

Tanto unos como otros, nos los podemos encontrar con la bota integrada, formando parte del propio vadeador, o con calcetín, a los que habría que incorporar un elemento adicional que es la bota de vadeo.

La elección de un modelo u otro, dependerá, como siempre, de los gustos del pescador y de su presupuesto; personalmente, prefiero los vadeadores transpirables y de calcetín, sobre todo esto último, por la flexibilidad que da el poder cambiar de bota en función de la zona a pescar.

La bota de vadeo

Es otro elemento necesario para la práctica de la pesca a mosca, sobre todo, en caso de utilizar vadeadores de calcetín, ya que nos permitirán caminar por el río cómodos y seguros.

La elección de la bota de vadeo, es una decisión muy importante que no deberíamos tomar a la ligera, por lo que en este punto, si que recomiendo adquirir la que mejor se adapte a nuestras necesidades en función de nuestro presupuesto, ya que una mala elección, puede convertir una ilusionante jornada de pesca en un calvario, y siempre que sea posible, deberemos probarlas con el vadeador y la ropa térmica que vayamos a utilizar antes de comprarlas.

Existen multitud de materiales en los que se fabrican este tipo de botas, en función de los cuales, el precio, la durabilidad, el peso y la comodidad será mayor o menor.

Una vez que vamos a pasar varias horas dentro del agua, es importante que la bota de vadeo tenga un buen sistema de drenaje, para que no acumulen agua y se vacíen rápidamente evitando así el incremento de peso de la misma.

En función de la suela que incorporan, encontramos dos tipos de botas de vadeo:

- **Fieltro,** este tipo de suelas tienen un mejor agarre dentro del río, resbalando menos y dando algo más de seguridad.

- **Goma,** son mejores cuando salimos del agua, si bien, suelen provocar más accidentes dentro del río debido a su peor agarre.

Tanto a unas como a otras, se les puede añadir un elemento adicional de seguridad como son los clavos de tungsteno, que mejoraran el agarre tanto dentro como fuera del río.

Al elegir la bota de vadeo, hay que tener en cuenta que las suelas de fieltro en algunas comunidades autónomas y/o zonas de pesca están prohibidas, por lo que será una variable más a considerar en función del uso habitual que vayamos a darle.

OTROS ACCESORIOS

Para finalizar el equipo descrito en este capítulo, suficiente para iniciarte en la modalidad, hay una gran cantidad de accesorios y complementos que podemos usar, como la gorra, el chaleco, las gafas de sol, las cajas para moscas, el bastón de vadeo, el cortahílos, las tijeras, y muchos más.

Si bien, su uso no es imprescindible para disfrutar de la pesca a mosca, cada uno de estos complementos tiene una función que nos ayudará y facilitará nuestra jornada de pesca, por lo que como siempre, el uso de los mismos, dependerá de la elección del pescador y de su presupuesto.

La línea de pesca

En este capítulo vamos a ver cómo realizar el montaje de todos los elementos que componen la línea de pesca o cola de rata; para ello, voy a hablar principalmente, de los diferentes nudos que podemos utilizar para conectar de forma segura y eficaz todas las uniones que tenemos que realizar.

Mi intención no es mostrar todos los nudos que existen para realizar esta tarea, sino simplemente aquellos que suelo utilizar habitualmente, ya que, por los resultados que he obtenido con ellos, considero que pueden ser un buen punto de partida para el que se inicia en esta modalidad, pues como acostumbro a decir, «es *preferible aprender pocos nudos, pero aprenderlos bien, a conocer muchos y no hacerlos correctamente*»; como siempre, el lector es libre de utilizar aquellos nudos que mejor considere para el montaje de su línea de pesca.

La línea de pesca

Los nudos

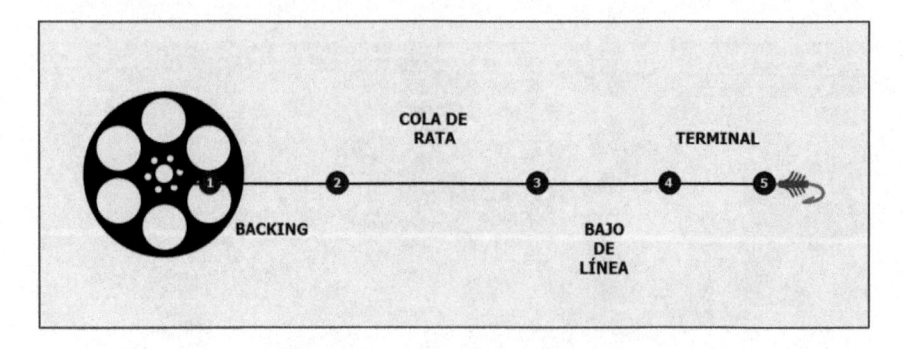

Figura 1

A continuación resumiré los diferentes nudos que utilizo para el montaje de mi línea de pesca.

Arbor knot

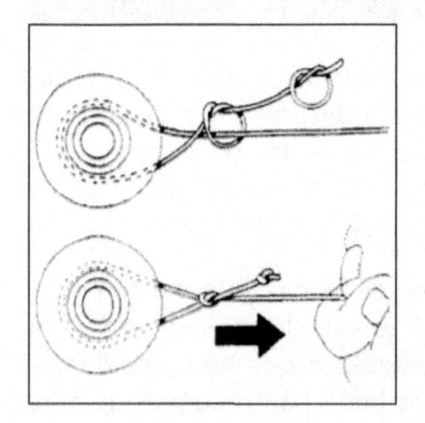

Este es un nudo muy sencillo de realizar que se utiliza para atar el *backing* o línea de reserva a la bobina del carrete.

Se corresponde con la unión del **Punto 1** en la **Figura 1**.

Para realizarlo, vamos a seguir los siguientes pasos:

1. Pasamos el extremo del *backing*, en el que previamente hemos realizado un nudo simple en la punta, por el eje de la bobina del carrete.

2. Realizamos un segundo nudo alrededor de sí mismo.

3. Humedecemos la línea y los dos nudos.

4. Manteniendo la bobina en la mano izquierda, tiraremos firmemente con la mano derecha hacia nosotros, hasta que ambos nudos se junten sobre el eje de la bobina.

5. Cortamos el sobrante.

Albright knot

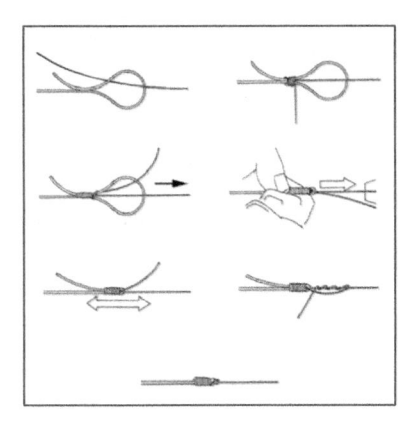

Hay varias maneras de realizar la unión del *backing* a la línea, pero de todas ellas, la que más me gusta es la que se consigue con este nudo.

Se corresponde con la unión del **Punto 2** en la **Figura 1**.

Para realizarlo, vamos a seguir los siguientes pasos:

1. Formamos un lazo abierto con la cola de rata y pasamos el *backing* por dicho lazo.

2. Sosteniendo el lazo con una mano y el extremo del *backing* con la otra, damos entre 8 y 10 vueltas.

3. Pasamos el *backing* por el lazo y tiramos de él, fijando y empujando con sumo cuidado las vueltas realizadas anteriormente.

4. Cuando tenemos el nudo ya fijado al final del lazo, lo humedecemos, y tiramos firmemente de él.

5. Finalmente, hacemos un segundo nudo con el *backing* para reforzarlo, cortando el sobrante.

NEEDLE KNOT

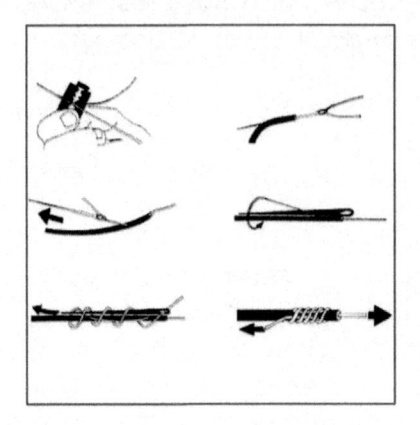

Este nudo, por la relación entre el volumen de la conexión y la seguridad que aporta, es el que utilizo para conectar el bajo de línea a la cola de rata.

Se corresponde con la unión del **Punto 3** en la **Figura 1**.

Para realizarlo, vamos a seguir los siguientes pasos:

1. Con una aguja de coser muy fina, atravesamos la cola de rata entre 1 y 2 centímetros.

2. Pasamos el extremo más grueso del bajo de línea por el ojo de la aguja, que previamente habremos afinado con una cuchilla o papel de lija.

3. Tiramos de la aguja hasta que el bajo de línea atraviese la cola de rata.

4. Utilizando una aguja de mayor tamaño que la anterior, realizamos unas 5 o 6 vueltas con el bajo de línea sobre la cola de rata y la aguja.

5. Introducimos el bajo de línea por el ojo de la aguja y tiramos de la misma.

6. Humedecemos el nudo, lo ajustamos y lo fijamos tirando de las dos puntas del bajo de línea con cuidado.

7. Cortamos el sobrante.

8. Adicionalmente, para reforzarlo aún más, se puede echar una gota de cianoacrilato, aunque si el nudo se realiza correctamente, no es necesario.

NUDO DE CIRUJANO

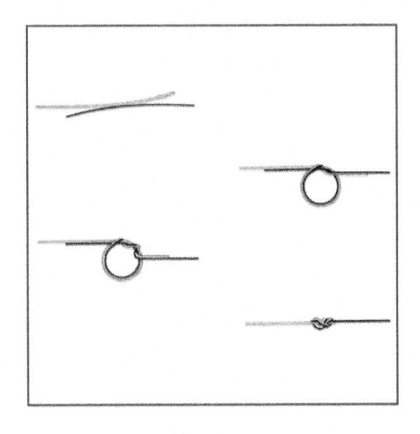

Este es el nudo que utilizo para conectar el terminal al bajo de línea.

Como ya he mencionado, puede utilizarse también para fabricar terminales o bajos de línea de diferentes diámetros.

Se corresponde con la unión del **Punto 4** en la **Figura 1**.

Para realizarlo, vamos a seguir los siguientes pasos:

1. Superponemos el bajo de línea y el terminal.

2. Formamos un lazo y realizamos 2 vueltas, o si queremos reforzarlo 3.

3. Tiramos de los extremos y cortamos el sobrante.

CLINCH KNOT MEJORADO

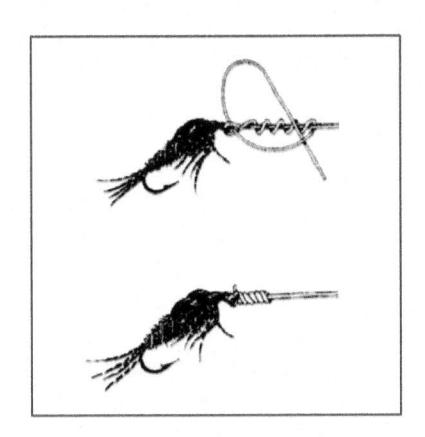

De entre los muchos nudos que existen para atar la artificial al terminal, por la relación entre seguridad aportada y material malgastado, es el que más me gusta y utilizo.

Se corresponde con la unión del **Punto 5** en la **Figura 1**.

Para realizarlo, vamos a seguir los siguientes pasos:

1. Pasamos el terminal por el ojo del anzuelo.

2. Damos 5 o 6 vueltas sobre sí mismo e introducimos la punta del terminal por el lazo pegado al anzuelo que se ha formado.

3. Insertamos la punta del terminal por el nuevo lazo que se nos habrá creado al realizar el paso anterior.

4. A continuación, tiramos suavemente del terminal, para apretarlo y fijarlo, humedeciéndolo previamente.

5. Cortamos el sobrante.

EL INDICADOR DE PICADA

Cuando pescamos con ninfas mediante la técnica de pesca al hilo, nos puede ocurrir que tengamos dificultad para detectar la picada, en ese caso, para ayudarnos en su detección, existen en el mercado diferentes accesorios que podemos utilizar, sin embargo, yo prefiero utilizar un *muelle*, de fabricación propia, que coloco entre el sedal y la microanilla.

Hace ya mucho tiempo, un gran pescador como es *Bernardo Martínez Carrizo*, me facilitó los materiales necesarios y me enseñó los pasos para su fabricación, los cuales comparto con vosotros.

Materiales

- Sedal de colores llamativos diferentes al color del hilo utilizado en la línea.

- Cinta adhesiva.

- Una aguja con el grosor adecuado al diámetro del muelle que queremos confeccionar.

- Cazo para hervir agua.

Pasos

1. Cortamos el sedal en pequeños trozos de entre unos 20 y 25 centímetros.

2. Hacemos un microlazo en cada uno de los extremos de los sedales cortados.

3. Enrollamos el sedal en la aguja, fijando los extremos con la cinta adhesiva.

4. Introducimos las agujas en un cazo con agua, llevamos a ebullición durante 10 minutos y enfriamos en agua fría.

5. Despegamos el sedal de la aguja y ya tenemos el muelle listo para pescar.

LAS HERRAMIENTAS DE MONTAJE

En este capítulo, vamos a iniciar la parte dedicada al montaje de nuestras artificiales, sin las cuales, es imposible practicar esta modalidad de pesca.

Bien es cierto, que en el mercado podemos encontrar una gran cantidad de este tipo de señuelos, algunos de los cuales, están realizados por montadores de prestigio y con una gran calidad, sin embargo, antes o después, cualquier pescador que se inicia en este apasionante mundo, termina fabricándoselas él mismo, por lo que es importante conocer los útiles y herramientas más utilizados para su confección.

Como todo lo relacionado en torno a esta modalidad de pesca, el uso de una herramienta u otra, dependerá tanto de nuestra habilidad, como de nuestro presupuesto, no siendo necesario utilizarlas todas.

EL TORNO

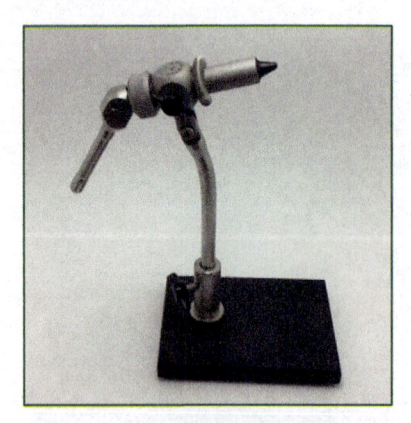

Esta herramienta se utiliza para sujetar el anzuelo firmemente y de manera segura, facilitando así, el proceso de montaje de la artificial, para ello, tiene unas mordazas donde se coloca dicho anzuelo.

En la mayoría de modelos que nos encontramos, las mordazas se suelen apretar mediante una palanca; pueden ser fijas o móviles, e incluso existen modelos, en los que pueden girar 360 grados.

Son estos últimos modelos, con mordazas giratorias de 360º, los más recomendables, pues nos permiten un mejor manejo y visión de la artificial, una vez que los fijos y los que no giran completamente, nos obligan a cambiar de posición el anzuelo, soltándolo y volviéndolo a apretar en la posición deseada, cada vez que queremos girarlo.

Esta herramienta se puede fijar al borde de la mesa de trabajo mediante una mordaza o colocarlo sobre la misma mediante una base pesada; el uso de un sistema u otro, dependerá de cada uno, siendo que, la mordaza nos evita cargar con una base pesada cuando salimos de viaje y queremos llevarlo con nosotros; algunos tornos, traen ambos accesorios o sólo uno de ellos.

En el mercado nos vamos a encontrar infinidad de modelos y precios, si bien, para empezar en el montaje de artificiales, considero que no es necesario gastar demasiado dinero, ya que cualquier torno con las características que hemos mencionado anteriormente, cumplirá perfectamente su función.

EL PORTABOBINAS

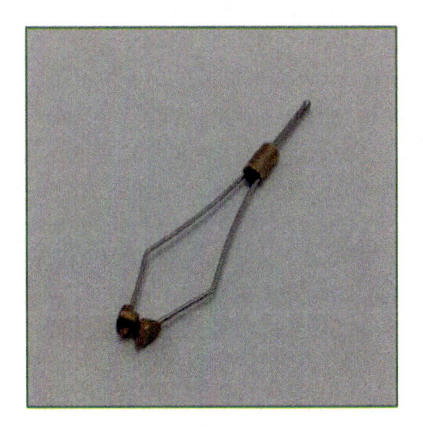

Esta útil herramienta, nos va a permitir distribuir el hilo de montaje sobre el anzuelo de manera uniforme.

Es recomendable que sea de punta cerámica, para evitar que el hilo sufra daños y se rompa en el proceso.

Consta de unos brazos que nos ayudarán a sujetar la bobina y de un tubo metálico por donde se pasa el hilo, para lo cual, podemos utilizar un enhebrador o pasador de hilo.

LAS PINZAS DE HACKLE

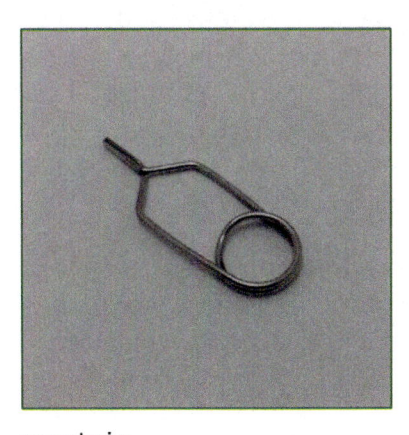

Estrictamente hablando no son unas pinzas, sino más bien unas pequeñas mordazas, se utilizan tradicionalmente para sujetar la pluma de gallo y hacer el *hackle* de la mosca.

Actualmente son utilizadas para enrollar en el anzuelo cualquier material difícil de sujetar sólo con los dedos, facilitando así su montaje.

El punzón

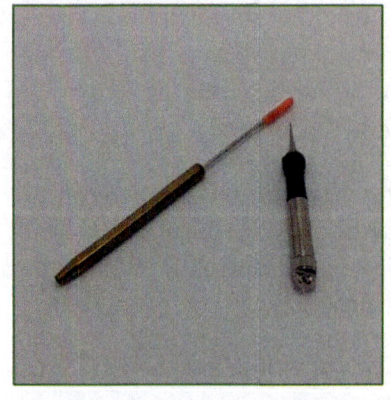

Usada con cierta habilidad, esta versátil herramienta, nos evita adquirir muchas otras, ya que es utilizada para realizar tareas específicas de otros útiles.

Entre sus funciones principales, citamos tareas como, cardar el *dubbing* de la artificial, eliminar los restos de barniz del ojal del anzuelo, realizar el nudo final, abrir el hilo de montaje, etc.

Las tijeras

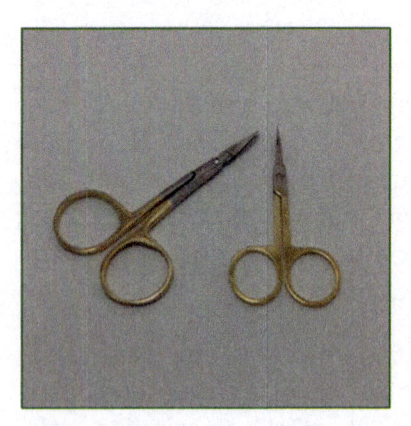

La principal característica que recomiendo, es que deben ser de precisión y con una punta muy fina, pues en la mayoría de las ocasiones, los materiales a cortar se encuentran mezclados con otros a conservar.

Es muy recomendable también, no utilizar la misma tijera para cortar hilos, plumas o alambres, manteniendo así, el filo adecuado a cada tipo de material.

Existen modelos con punta recta o curva, permitiendo estos últimos, hacer cortes con ángulos de giro más cómodos para el montador.

EL IGUALADOR DE PELO O PLUMAS

Esta herramienta nos ayuda a igualar las plumas y los pelos utilizados en ciertos elementos de algunas artificiales a montar.

Para utilizarlo, se introducirá en su interior el mechón de pelo o las fibras de pluma, y una vez introducidas, se golpeará con suavidad sobre la base de la mesa; hecho esto, separaremos las dos partes de las que consta, y en una de ellas, tendremos los elementos perfectamente alineados.

EL CARDADOR DE DUBBING

Esta herramienta es ideal para dar vida a nuestras moscas y ninfas, cardando o peinando el *dubbing*, una vez finalizada la artificial.

Tal y como he comentado con anterioridad, este mismo efecto se puede conseguir utilizando el punzón con la pericia suficiente.

El anudador

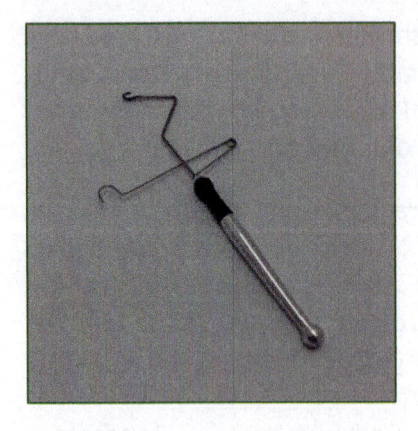

Esta herramienta es muy útil para realizar el nudo final en nuestra artificial, sobre todo, en el caso de no tener la suficiente pericia para ello.

Como ya se ha mencionado, si tenemos la suficiente habilidad con el punzón o con las manos, es una herramienta de la que podemos prescindir.

El pasador de hilo

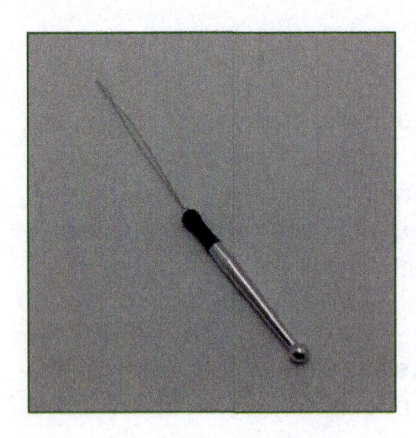

Como ya he adelantado, esta herramienta es muy útil para introducir el hilo o la seda de montaje en el portabobinas.

Sobre todo, en el caso de no tener la suficiente pericia a la hora de enhebrar hilos, esta herramienta se torna más que necesaria.

Las pinzas

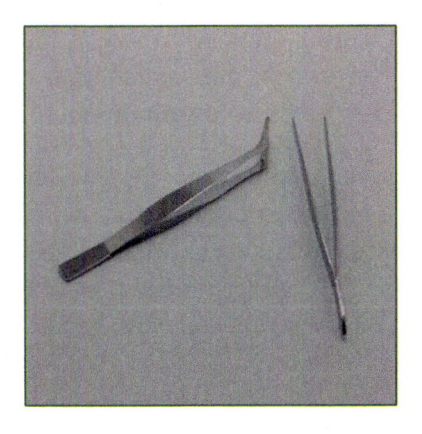

Fabricadas en diferentes formas y tamaños, estas herramientas son extremadamente útiles a la hora de coger todo el pequeño material que solemos utilizar en nuestros montajes, como ojos, cuerpos y bolas de tungsteno, anzuelos, sacar el *dubbing* de las cajas o bolsas donde está almacenado, etc.

El bisturí

Su utilidad es exactamente la misma que la de las tijeras; si bien, en algunas situaciones, el uso de una herramienta u otra puede facilitar la tarea, por lo que su uso es puramente una decisión personal.

La linterna ultravioleta

Es utilizada principalmente para secar el barniz que aplicamos a nuestras ninfas o perdigones.

Se puede prescindir de ella si las dejamos secar al aire, pero en este caso, tardaremos más en finalizar las artificiales, sobre todo, si tenemos que dar varias capas de barniz.

Las magic tools

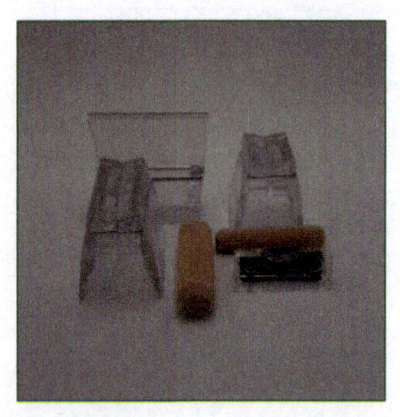

Son un conjunto muy útil de herramientas que nos permiten construir en nuestros montajes todos los substitutos de *hackle* que podamos imaginar, ya que facilitan la mezcla de infinidad de materiales, muy complicado de realizar de otra manera.

Especialmente, cuando usamos materiales como el CDC o culo de pato, nos facilitan mucho la labor, ya que fueron diseñadas para ello.

EL TRENZADOR DE DUBBING

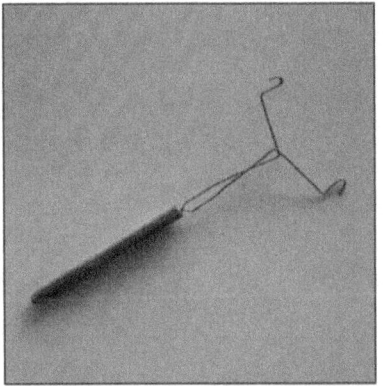

Como su nombre indica, esta herramienta es utilizada para trenzar el *dubbing* en el hilo de montaje, dando forma así a los cuerpos de nuestras artificiales, que posteriormente podremos despeluchar, con la herramienta que hemos mencionado, para dotarlas de más realismo.

Si tenemos la suficiente pericia, esta tarea se puede realizar de forma manual, aunque bien es cierto, que esta herramienta facilita mucho la labor.

LOS MATERIALES DE MONTAJE

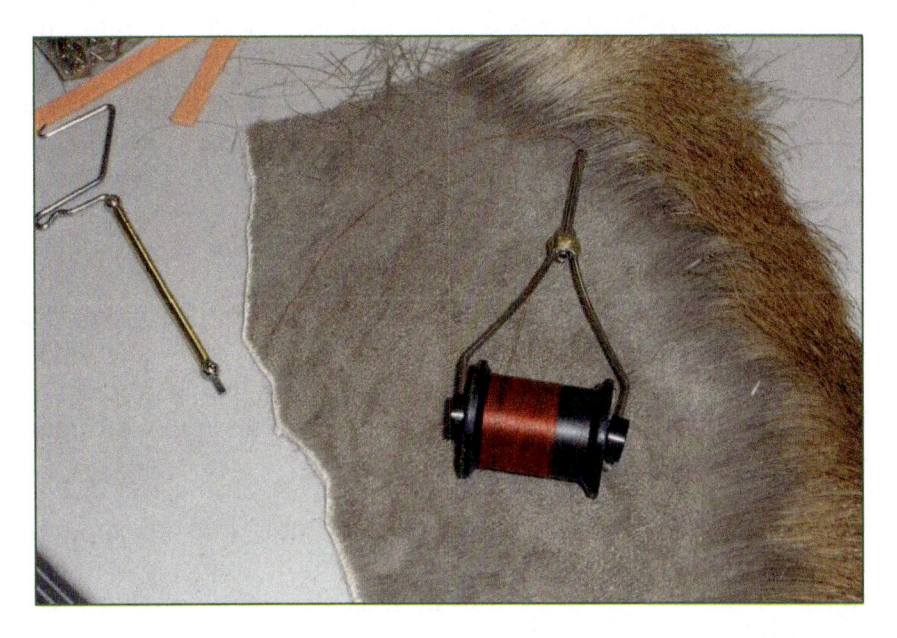

Continuando con los capítulos dedicados a la confección de las artificiales, llega la hora de hablar de los principales materiales de montaje que podemos utilizar.

Tengo que reconocer, que son tal la cantidad de materiales que nos podemos encontrar y utilizar para esta tarea, que resulta muy complicado detallarlos todos, por no hablar, de que la imaginación del montador en la confección de sus artificiales puede llegar a sorprendernos en más de una ocasión.

Una vez más, como todo lo que rodea a esta modalidad de pesca, los materiales utilizados dependerán de las preferencias, habilidad y presupuesto del montador.

Los anzuelos

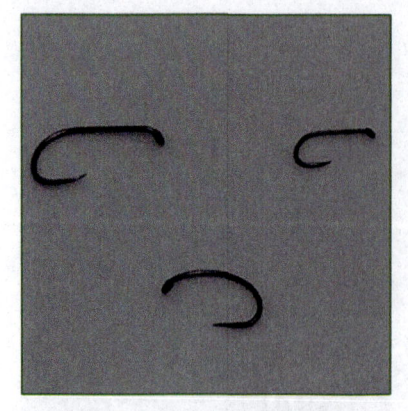

Una vez que cada montaje que vamos a realizar, necesita un determinado anzuelo, tenemos a nuestra disposición una gran cantidad de formas, tamaños y modelos: rectos, curvos, de tija corta, de tija larga, etc.

En función del tipo de animalillo o insecto a imitar, deberemos elegir el anzuelo con la forma y el tamaño más adecuado para poder imitarlo de la manera más fielmente posible.

De manera habitual, en los montajes flotantes, utilizaremos anzuelos muy finos y de poco peso, mientras que, en los montajes hundidos, podremos utilizar anzuelos más gruesos y de mayor peso.

En un anzuelo podemos identificar las siguientes partes:

- **Ojal,** es la parte del anzuelo donde atamos el terminal; dependiendo del modelo, tenemos diferentes formas y posiciones.

- **Tija,** es la parte útil del anzuelo que usamos para el montaje de la artificial; puede ser recta o curva y va, desde el ojal, hasta el inicio de la curvatura del mismo.

- **Curvatura,** esta parte es la continuación de la tija, donde el anzuelo se curva sobre sí mismo.

- **Punta,** es la parte afilada del anzuelo que nos permite clavar al pez.

- **Muerte,** rebaba presente en algunos anzuelos que evita que el pez se suelte una vez clavado; como ya sabéis, desde www.riosdepesca.es recomiendo utilizar siempre anzuelos *sin muerte* o a los que previamente se les ha eliminado esta parte, para evitar así hacer un daño innecesario a nuestras capturas.

- **Profundidad,** es la distancia horizontal entre la punta y la curvatura.

- **Abertura,** es la distancia vertical entre la punta y la tija.

Los anzuelos que encontramos en el mercado, tienen una numeración, la cual, hace referencia a su tamaño, siendo los anzuelos más grandes los de numeración más baja y a la inversa.

En general, en función del montaje a realizar, podemos agrupar los anzuelos de la siguiente manera:

- **Moscas secas,** al ser montajes flotantes, deben ser finos y rectos.

- **Ninfas,** suelen ser más gruesos que los anteriores, utilizándose frecuentemente los modelos curvos.

- **Streamers,** son gruesos y de tija larga, facilitando así, el montaje de pececillos y otros animalillos.

- **Grandes depredadores,** suelen ser más gruesos que los anteriores y tienen una curvatura muy abierta, para facilitar el clavado.

Los materiales de montaje

LOS HILOS Y SEDAS DE MONTAJE

Fabricados en multitud de tonos y colores, se utilizan para dar forma al cuerpo de la artificial, permitiéndonos así, imitar de manera fiel al insecto o animal utilizado para engañar a los peces.

Básicamente, encontramos dos tipos de hilos o sedas para esta tarea:

- **Hilos de montaje,** que suelen utilizarse para sujetar o anudar todos los materiales al anzuelo.

- **Sedas,** muy utilizadas para montar el cuerpo de ciertas artificiales; existen sedas antiguas muy codiciadas por los pescadores.

LOS HILOS PESADOS

Estos hilos están fabricados en materiales que incrementan el peso de nuestra artificial.

Se utilizan habitualmente para brincar o lastrar los cuerpos de dichas artificiales.

Entre los varios materiales que nos encontramos para este fin, podemos destacar:

- **Hilo de plomo,** es utilizado como lastre en algunas artificiales, facilitando su hundimiento; se suele colocar en el interior de las ninfas.

- **Hilo de cobre,** es utilizado para brincar el cuerpo de la artificial, simulando así los segmentos del tórax y el abdomen del insecto; aparte de lo anterior, le confiere unos toques brillantes y una sensación de translucidez que hacen a la artificial más atractiva.

- **Tinseles,** son hilos fabricados en materiales brillantes, generalmente metálicos, que se utilizan con el mismo fin que el hilo de cobre.

LAS PLUMAS

En la naturaleza, encontramos una gran variedad de animales que nos permiten aprovechar sus plumas para el montaje de nuestras artificiales.

Cada animal, aporta a la pluma unas características propias y diferentes, que las hace más o menos adecuadas para su uso en el montaje de la artificial.

De entre todos estos materiales, y siendo consciente de que puedo dejarme alguno, cabe mencionar:

- **Colgadera de gallo,** utilizada para imitar las patas de los insectos y hacer collarines; su misión es hacer que la artificial flote.

- **Culo de pato o CDC,** es un material que flota muy bien, por lo que suele utilizarse en los montajes de secas o emergentes para imitar las alas, sacos alares e incluso construir los cuerpos, sustituyendo a otros materiales de menor flotabilidad.

- **Cuellos de gallo,** suelen venir teñidos en colores muy

vistosos y llamativos, por lo que vienen muy bien para imitar las colas y partes del cuerpo de los *streamers* o pequeños peces utilizados en la pesca de depredadores.

- **Cola de pavo real,** se utiliza en los cuerpos de moscas secas y tórax de algunas emergentes, proporcionando al montaje unos reflejos metálicos muy vistosos.

- **Cola de faisán,** éste es uno de los materiales más versátiles que podemos encontrar en la confección de artificiales, pues es utilizado en los cuerpos, sacos alares, tejadillos y cercos de infinidad de imitaciones.

- **Avestruz,** se utiliza para hacer los cuerpos y tórax de las artificiales, les proporciona un aspecto muy natural.

- **Gallo de León,** es muy utilizado en el montaje de efémeras y ahogadas para confeccionar los cercos y las alas de muchas imitaciones; como hemos visto en el capítulo dedicado a ellos en este mismo libro, la multitud de colores que podemos obtener de manera natural sin necesidad de teñirlas, les confiere una importancia sin precedentes en esta modalidad de pesca.

- **Marabú,** dado que se trata de un material de gran movilidad dentro del agua, suele utilizarse para formar las colas de *streamers* y cuerpos.

- **Oca,** se utiliza tradicionalmente para imitar los cercos y las patas de las ninfas de plecópteros.

LOS PELOS Y LAS PIELES

De manera similar a lo que ocurre con las plumas, hay una gran cantidad de animales que nos permiten utilizar sus pieles para hacer nuestras artificiales.

Por las características de cada animal, se suelen utilizar en el montaje de ciertos elementos.

Una vez más, a riesgo de dejar alguno olvidado en el tintero, debo mencionar, por su importancia, los siguientes:

- **Lana de cordero,** se trata de un material, que por sus características, se utiliza mucho para hacer cuerpos en moscas voluminosas y flotantes.

- **Pelo de ciervo,** utilizado tradicionalmente en los tejadillos de los tricópteros, así como, en el montaje de moscas flotantes, debido a su baja densidad; también puede utilizarse para imitar alas, colas y cercos.

- **Cola de gamo,** muy parecido al pelo de ciervo, pero de mayor longitud y resistencia, es utilizado para montar *streamers* y moscas para la pesca del salmón.

- **Tiras de piel de conejo,** son utilizadas para montar *streamers* debido a su gran movilidad dentro del agua.

- **Liebre,** es uno de los materiales más utilizados en la confección de una gran variedad de moscas y ninfas.

- **Ardilla,** utilizada para el montaje de cuerpos, tórax y cercos de ninfas.

- **Pelo de chivo,** utilizado para montar streamers largos, debido a su gran movilidad dentro del agua.

El dubbing

Compuesto por pelos y plumas naturales o materiales sintéticos previamente molidos, este es un material muy utilizado para imitar el tórax, las patas y dar volumen a los cuerpos de las artificiales.

Para sujetarlo en el anzuelo hay que enrollarlo previamente en el hilo de montaje, para lo cual, podemos utilizar el trenzador de *dubbing* del que ya hemos hablado en el capítulo correspondiente a las herramientas de montaje.

Los materiales sintéticos

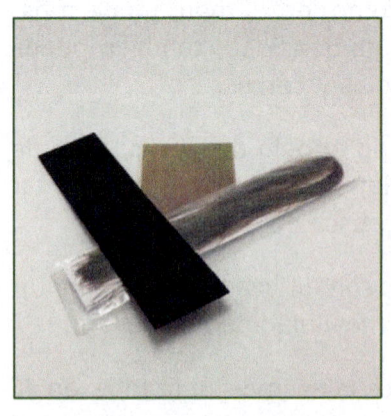

Con la rápida evolución sufrida por los materiales sintéticos en la actualidad, cada vez tenemos una mayor oferta a la hora de realizar nuestras artificiales en este tipo de materiales.

Se suelen utilizar para realizar cuerpos, costeras, sacos alares, etc., incluso, en detrimento de los materiales tradicionales que habitualmente se utilizaban para ello; por mencionar algunos de los más utilizados, encontramos:

- **Foam,** se trata de una espuma porosa de baja densidad, utilizada para hacer moscas flotantes y voluminosas como *poppers*, saltamontes y hormigas.

- **Vinil Rib,** se trata de un hilo de material plástico con un lado plano, es muy utilizado para realizar el abdomen de los *quironómidos*, al conferirles un aspecto muy realista.

- **Rafia,** material sintético muy utilizado para formar los caparazones de crustáceos y sacos alares de ninfas.

- **Tiras de látex,** material muy utilizado para realizar los caparazones y los sacos alares, pues hace muy realista a la imitación debido a su transparencia.

- **Chenille,** es un hilo grueso de tejido aterciopelado muy absorbente, ideal para fabricar los cuerpos de moscas hundidas, debido a la facilidad con la que se hunde; existe una variante fabricada en colores brillantes, que se conoce como *Cristal Chenille*.

- **Polywing,** es un material sintético de color blanco muy visible, utilizado como poste central en los montajes en paracaídas.

- **Pelo sintético,** material muy utilizado para realizar *streamers* largos y alas de las libélulas.

- **Cristal Flas,** son fibras muy brillantes utilizadas en el montaje de *streamers* para producir reflejos bajo el agua; también pueden ser utilizadas para brincar los cuerpos de pequeñas moscas secas.

- **Milar Tubing,** son cordones gruesos fabricados en material brillante; se utilizan en el montaje del cuerpo de algunos *streamers*.

- **Ojos,** fabricados en diferentes tipos y materiales, se suelen utilizar para adornar y dotar de realismo a las imitaciones de algunos *streamers* o *poppers*.

- **Patas de goma,** son tiras finas de goma con gran movilidad, muy utilizadas para imitar las patas de los saltamontes y escarabajos.

LAS BOLAS Y LOS CUERPOS

Normalmente están fabricadas en tungsteno, un material que a igual volumen, es más pesado que el plomo y mucho menos contaminante, aunque también se pueden fabricar en latón.

Se utilizan como elemento para aportar lastre y brillo en ninfas y perdigones, haciéndolos más pesados y llamativos.

Las bolas, suelen montarse junto al ojal, en la parte delantera del anzuelo, mientras que los cuerpos lo hacen sobre la tija del mismo.

Existen unas proporciones del tamaño de las bolas en relación al tamaño del anzuelo, que deberíamos respetar, garantizando así el equilibrio de nuestra artificial, aunque como siempre, dependerá del gusto del montador:

- **1,5 mm,** para anzuelos del #22 al #26.
- **2,0 mm,** para anzuelos del #18 al #22.
- **2,4 mm,** para anzuelos del #16 al #18.
- **2,8 mm,** para anzuelos del #14 al #16.
- **3,2 mm,** para anzuelos del #12 al #14.
- **4,0 mm,** para anzuelos del #8 al #10.
- **4,8 mm,** para anzuelos del #4 al #6.

Los barnices y pegamentos

Se utilizan para dotar de brillo a las artificiales, haciéndolas así, más apetecibles para los peces.

También se pueden utilizar para rematar el nudo final, evitando así, que la artificial se deshaga en acción de pesca; en el caso de utilizarlos para este fin, no debemos olvidar usar el punzón para retirar los restos del ojal del anzuelo.

Las artificiales

No se puede hablar de la pesca a mosca, sin dedicar un capítulo a los señuelos que habitualmente utilizamos para la misma, por lo que para finalizar los capítulos relativos al montaje, y con ellos, este libro, voy a intentar hacer una pequeña guía sobre las artificiales más utilizadas en nuestros ríos a lo largo de la temporada de pesca; seguramente, no están todas las que son, pero si son todas las que están.

Mi intención en este capítulo no es hacer un tratado exhaustivo sobre el montaje de las moscas artificiales, sino simplemente, intentar ayudar a los pescadores menos veteranos, a identificar mediante unos patrones de referencia, en función del color, forma y tamaño, los diferentes insectos que pueblan las aguas de nuestros ríos y que son el alimento de las pintonas, las verdaderas protagonistas de este libro; si lo consigo, creo que habrá merecido la pena el esfuerzo.

Las moscas secas

Montadas en anzuelos rectos, para el cuerpo se suelen utilizar diversos materiales, como las sedas, las fibras de plumas, que pueden estar desbarbadas, conocidas habitualmente como *quill*, o sin desbarbar, conocidas como *herl*, así como varias mezclas de pieles o *dubbing*, mientras que para el collar o *hackle*, se utilizan plumas de gallo de León, culo de pato o pelo de ciervo, materiales, de los que hemos hablado en profundidad a lo largo del capítulo anterior.

Dentro del conjunto de moscas secas que podemos utilizar para la pesca, debemos hacer una mención especial a las conocidas como *emergentes*, que son aquellos insectos que observamos en la superficie del agua antes de iniciar el vuelo, con la exuvia todavía adherida al cuerpo; para el montaje de los cercos o colas de estas artificiales, se suelen utilizar mechones de lana, sedas o plumas de avestruz, generalmente del mismo color que el cuerpo, en lugar de las fibras utilizadas habitualmente para el montaje de dicho elemento.

A continuación, vamos a mencionar los patrones más habituales que podemos montar para imitar a los diferentes insectos que pueblan nuestros ríos y que tienen algún interés para la pesca; insectos, a los que hemos dedicado el correspondiente capítulo en este libro, y que espero, haya servido para identificarlos con mayor facilidad.

EFEMERÓPTEROS

Aceituna

Patrón que imita a un pequeño insecto de la familia *Baetidae*, la *Baetis rhodani*, presente en la mayoría de los ríos.

Sus ninfas, del tipo nadadora, eclosionan desde principios del mes de febrero hasta mediados de abril, pudiendo aparecer a lo largo de toda la temporada de manera irregular, sobre todo en el mes de septiembre.

Material de montaje:

- **Collar:** Cuello de gallo indio acerado plomizo.
- **Alas:** Puntas de pluma indio acerado ahumado.
- **Cuerpo:** Seda natural verde aceituna oscuro.
- **Brinca:** Nailon amarillo huevo.
- **Cabeza:** Seda de montaje avellana.
- **Colas:** Pluma de gallo indio acerado plomizo.
- **Anzuelo:** #16.

Amarillenta

Este patrón puede imitar, tanto a la *Ephemera vulgata*, como a la *Ephemera danica*, insectos de gran tamaño que pertenecen a la familia *Ephemeridae*; nos los podemos encontrar de manera habitual, en las aguas lentas de los arroyos de montaña y en las cabeceras de los grandes ríos.

Sus ninfas, del tipo excavadora, eclosionan, desde principios del mes de junio hasta finales de septiembre, la primera, y desde mediados del mes de mayo hasta agosto, la segunda.

Material de montaje:

- **Collar:** Cuello de gallo pardo flor de escoba maduro mezclado con indio acerado amarillento.

- **Alas:** Puntas de pluma pardo flor de escoba encendido.

- **Cuerpo:** *Quill* de pavo amarillo huevo.

- **Brinca:** No lleva.

- **Cabeza:** Seda de montaje avellana oscura.

- **Colas:** Pluma de gallo pardo flor de escoba maduro.

- **Anzuelo:** #10.

Carne

Este es un patrón, que a pesar de no imitar a un efemeróptero concreto, nos suele dar buenos resultados en nuestros ríos.

Por su color y tamaño, la mejor época del año para utilizarlo va de finales de mayo a finales de junio, alargándose su uso hasta mediados de octubre con caudal abundante en los ríos.

Material de montaje:

- **Collar:** Cuello de gallo indio avellanado maduro.

- **Alas:** Puntas de pluma indio avellanado ahumado.

- **Cuerpo:** Seda carne fuerte.

- **Brinca:** Nailon amarillo huevo.

- **Cabeza:** Seda de montaje amarillo huevo.

- **Colas:** Pluma de gallo indio avellanado maduro.

- **Anzuelo:** #18.

Fanta

Este es otro patrón que da muy buenos resultados en los ríos, a pesar de que como el anterior, no imita a un efemeróptero en concreto.

Por su color y tamaño, se suele usar desde principios de junio hasta mediados de octubre.

Material de montaje:

- **Collar:** Cuello de gallo indio avellanado maduro.
- **Alas:** Puntas de pluma indio avellanado maduro.
- **Cuerpo:** Seda naranja claro.
- **Brinca:** Nailon amarillo huevo.
- **Cabeza:** Seda de montaje amarillo huevo.
- **Colas:** Pluma de gallo indio avellanado maduro.
- **Anzuelo:** #20.

Limón

Patrón que imita a un insecto de tamaño mediano perteneciente a la familia *Potamanthidae*, la *Potamanthus luteus*, presente en aguas lentas de los cursos medios y bajos de los ríos.

Sus ninfas, del tipo rastreadora, eclosionan desde primeros de julio hasta finales de agosto.

Material de montaje:

- **Collar:** Cuello de gallo indio acerado pajizo mezclado con indio rubión maduro.
- **Alas:** Puntas de pluma pardo corzuno pajizo.
- **Cuerpo:** Seda amarillo limón.
- **Brinca:** Nailon amarillo huevo.
- **Cabeza:** Seda de montaje amarillo huevo.
- **Colas:** Pluma de gallo indio acerado pajizo.
- **Anzuelo:** #16.

Negra

Este patrón imita a la *Baetis niger*, un pequeño insecto que pertenece a la familia *Baetidae*; nos la podemos encontrar en las aguas de los cursos altos y medios de los ríos.

Sus ninfas, del tipo nadadora, eclosionan desde inicios del mes de mayo hasta mediados del mes de julio.

Material de montaje:

- **Collar:** Cuello de gallo indio negrisco.
- **Alas:** Puntas de pluma indio negrisco.
- **Cuerpo:** Seda negra.
- **Brinca:** Nailon negro.
- **Cabeza:** Seda de montaje negra.
- **Colas:** Pluma de gallo indio negrisco.
- **Anzuelo:** #18.

Oliva

Patrón que imita a la *Serratella ignita*, un insecto de pequeño tamaño que encontramos en los cursos altos, medios y bajos de nuestros ríos, perteneciente a la familia Ephemerellidae.

Sus ninfas, del tipo rastreadora, eclosionan entre los meses de junio y noviembre.

Material de montaje:

- **Collar:** Cuello de gallo indio acerado maduro.
- **Alas:** Puntas de pluma indio acerado azulado.
- **Cuerpo:** Seda verde oliva claro con tórax abultado en *herl* de pavo oliva.
- **Brinca:** Nailon amarillo huevo.
- **Cabeza:** Seda de montaje oliva claro.
- **Colas:** Pluma de gallo indio acerado maduro.
- **Anzuelo:** #18.

Paja Vieja

Este patrón, que tampoco imita a un efemeróptero en concreto, suele funcionar muy bien a lo largo de toda la temporada de pesca.

Por su color y tamaño, la mejor época para utilizarlo es desde principios de abril a mediados de mayo, aunque también da buenos resultados de principios de septiembre a mediados de octubre, e incluso, con caudal abundante y temperaturas bajas, puede usarse durante todo el año.

Material de montaje:

- **Collar:** Cuello de gallo indio acerado crudo.
- **Alas:** Puntas de pluma indio acerado crudo.
- **Cuerpo:** Seda natural verde pajizo.
- **Brinca:** Nailon amarillo huevo.
- **Cabeza:** Seda de montaje avellana claro.
- **Colas:** Pluma de gallo indio acerado crudo.
- **Anzuelo:** #18.

Pálida

Como el anterior, es otro patrón que no imita a un efeméroptero en concreto, pero que también nos da buenos resultados en el río.

Por su color y tamaño, la mejor época para utilizarlo es desde finales del mes de mayo hasta finales del mes de julio, si bien, con caudal abundante en el río, puede utilizarse hasta finales de agosto.

Material de montaje:

- **Collar:** Cuello de gallo indio plateado.
- **Alas:** Puntas de pluma indio plateado.
- **Cuerpo:** Seda rosa pálido.
- **Brinca:** Nailon amarillo pálido.
- **Cabeza:** Seda de montaje amarillo pálido.
- **Colas:** Pluma de gallo indio plateado.
- **Anzuelo:** #16.

Palometa

Patrón que imita a un insecto de tamaño grande, la *Oligoneuriella rhenana*, incluida en la familia *Oligoneuriidae*, que observamos en los cursos medios y bajos de algunos ríos de León.

Sus ninfas, del tipo deprimida, eclosionan desde mediados del mes de julio hasta finales del mes de agosto, normalmente al atardecer.

Material de montaje:

- **Collar:** Cuello de gallo indio palometa.
- **Alas:** Puntas de pluma indio palometa abiertas.
- **Cuerpo:** *Herl* de pavo blanco con saco alar de faisán marrón.
- **Brinca:** Nailon gris claro.
- **Cabeza:** Seda de montaje gris claro.
- **Colas:** Pluma de gallo indio palometa.
- **Anzuelo:** #10.

Pardón

Este patrón se usa para imitar a un insecto de mediano tamaño, la *Rhithrogena germánica*, de la familia *Heptagenidae*, presente en los ríos de montaña y en los grandes ríos de la planicie.

Sus ninfas, del tipo deprimida, eclosionan desde mediados de abril hasta finales de julio.

Material de montaje:

- **Collar:** Cuello de gallo indio acerado plomizo.
- **Alas:** Puntas de pluma pardo corzuno tostado.
- **Cuerpo:** Seda natural marrón claro.
- **Brinca:** Nailon amarillo huevo.
- **Cabeza:** Seda de montaje gris claro.
- **Colas:** Pluma de gallo pardo corzuno tostado.
- **Anzuelo:** #14.

Salmón

Otro patrón, que sin tener un insecto concreto al que imitar, da muy buenos resultados en los ríos.

Por su color y tamaño, la mejor época del año para utilizarlo va de finales de mayo a mediados de octubre.

Material de montaje:

- **Collar:** Cuello de gallo indio avellanado maduro.
- **Alas:** Puntas de pluma indio acerado rosáceo.
- **Cuerpo:** Seda salmón fuerte con tórax abultado en *herl* de pavo salmón.
- **Brinca:** Nailon amarillo huevo.
- **Cabeza:** Seda de montaje amarillo huevo.
- **Colas:** Pluma de gallo indio avellanado maduro.
- **Anzuelo:** #18.

Tabaco

Patrón que imita a un insecto de tamaño mediano perteneciente a la familia *Leptophebiidae*, la *Leptophlebia marginata*; puede encontrarse en cursos medios y bajos de los ríos.

Sus ninfas, del tipo rastreador, suelen eclosionar entre el mes de abril y el de septiembre.

Material de montaje:

- **Collar:** Cuello de gallo indio acerado crudo.
- **Alas:** Puntas de pluma pardo aconchado crudo.
- **Cuerpo:** Seda marrón oscuro.
- **Brinca:** Nailon marrón claro.
- **Cabeza:** Seda de montaje marrón oscuro.
- **Colas:** Pluma de gallo indio acerado crudo.
- **Anzuelo:** #16.

Verdosa

Patrón usado para imitar a la *Siphlurella linneana*, un insecto de gran tamaño que pertenece a la familia *Siphlonuridae*; nos la podemos encontrar en los ríos de montaña.

Sus ninfas, del tipo nadadora, eclosionan de inicios de mayo a finales de junio.

Material de montaje:

- **Collar:** Cuello de gallo indio acerado entretiempo mezclado con pardo aconchado maduro.

- **Alas:** Puntas de pluma pardo aconchado maduro.

- **Cuerpo:** Seda verde claro.

- **Brinca:** Nailon hueso.

- **Cabeza:** Seda de montaje hueso.

- **Colas:** Pluma de gallo pardo aconchado maduro.

- **Anzuelo:** #10.

Vespertina

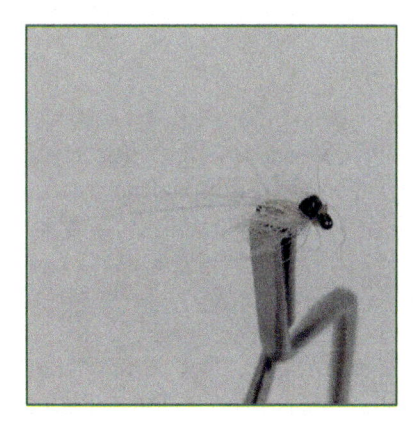

Este patrón imita a la *Caenis moesta*, un insecto de tamaño muy pequeño que pertenece a la familia *Caenidae*, presente en los cursos medios y bajos de los ríos.

Sus ninfas, del tipo rastreadora, suelen eclosionar al amanecer, desde finales de junio hasta finales de agosto.

Material de montaje:

- **Collar:** Cuello de gallo indio acerado maduro.
- **Alas:** Puntas de pluma indio palometa abiertas.
- **Cuerpo:** Seda blanca con tórax negro de plástico.
- **Brinca:** Nailon gris claro.
- **Cabeza:** Seda de montaje negra.
- **Colas:** Indio acerado maduro.
- **Anzuelo:** #22.

Tricópteros

Aconchada

Patrón que imita a un insecto de tamaño mediano perteneciente a la familia *Philopotamidae*, la *Philopotamus montanus*; nos la encontramos en los cursos altos de ríos y arroyos de montaña.

Sus larvas son campodeiformes y eclosionan desde inicios del mes de abril hasta finales del mes de septiembre.

Material de montaje:

- **Collar:** Cuello de gallo indio acerado entretiempo mezclado con pardo langareto tostado.
- **Alas:** Pluma de gallo pardo aconchado tostado.
- **Cuerpo:** *Herl* de avestruz gris oscuro.
- **Cabeza:** Seda de montaje marrón oscuro.
- **Anzuelo:** #16.

Matadora

Este patrón que no imita a un tricóptero en concreto, pero da buenos resultados en nuestros ríos.

Por su color y tamaño, la mejor época para utilizarlo es desde inicios de mayo hasta finales de agosto.

Material de montaje:

- **Collar:** Cuello de gallo indio avellanado maduro.
- **Alas:** Pluma de gallo pardo sarrioso maduro.
- **Cuerpo:** *Herl* de pavo marrón oscuro.
- **Cabeza:** Seda de montaje negra.
- **Anzuelo:** #16.

Negrisca

Patrón que imita a la *Mystacides azurea*, un insecto de pequeño tamaño incluido en la familia *Leptoceridae*; está presente en los cursos medios y bajos de los grandes ríos, sobre todo, en zonas de aguas tranquilas.

Sus larvas son eruciformes y eclosionan desde principios de junio hasta finales de agosto.

Material de montaje:

- **Collar:** Cuello de gallo indio negrisco.
- **Alas:** Pluma de gallo indio negrisco.
- **Cuerpo:** *Herl* de pavo real negro.
- **Cabeza:** Seda de montaje roja.
- **Anzuelo:** #20.
- **Antenas:** Pardo corzuno crudo.

Pajarín

Patrón que imita a un insecto de tamaño mediano perteneciente a la familia *Rhyacophilidae*, la *Rhyacophila dorsalis*, presente en la mayoría de nuestros ríos.

Sus larvas son campodeiformes y eclosionan desde abril hasta octubre, sobre todo en zonas de aguas movidas y en corrientes muy rápidas.

Material de montaje:

- **Collar:** Cuello de gallo pardo flor de escoba tostado.
- **Alas:** Pluma de gallo pardo flor de escoba maduro.
- **Cuerpo:** *Herl* de pavo oliva claro.
- **Brinca:** Nailon negro.
- **Cabeza:** Seda de montaje negra.
- **Anzuelo:** #14.

Patosa

Patrón que imita a un insecto de tamaño mediano perteneciente a la familia *Sericostomatidae*, la *Sericostoma personatum*, que nos podemos encontrar en la mayoría de los ríos.

Sus larvas son eruciformes y eclosionan entre mayo y junio, observando algún ejemplar en el mes de agosto.

Material de montaje:

- **Collar:** Cuello de gallo indio rubión crudo.
- **Alas:** Pluma de gallo indio acerado entretiempo.
- **Cuerpo:** *Herl* de pavo negro.
- **Cabeza:** Seda de montaje negra.
- **Anzuelo:** #18.

Rubiona

Patrón que imita a la *Tinodes waeneri*, un pequeño insecto de la familia *Psychomyiidae* que nos podemos encontrar en los cursos medios de nuestros ríos.

Sus larvas son campodeiformes y eclosionan desde mayo hasta septiembre, especialmente en zonas de aguas lentas.

Material de montaje:

- **Collar:** Cuello de gallo indio rubión maduro.
- **Alas:** Pluma de gallo indio rubión maduro.
- **Cuerpo:** *Herl* de faisán marrón oscuro.
- **Cabeza:** Seda de montaje avellana oscuro.
- **Anzuelo:** #18.

Saltica

Otro patrón que da muy buenos resultados en nuestros ríos, a pesar de no imitar a un insecto determinado.

Por su color y tamaño, la mejor época para utilizarlo vas desde principios de junio hasta finales de septiembre.

Material de montaje:

- **Collar:** Cuello de gallo indio avellanado pajizo.
- **Alas:** Pluma de gallo pardo aconchado maduro.
- **Cuerpo:** *Dubbing* de liebre oliva amarillento.
- **Cabeza:** Seda de montaje avellana claro.
- **Anzuelo:** #20.

Saltona

Patrón que imita a un insecto de tamaño mediano que pertenece a la familia *Hydropsychidae*, la *Hydropsyche pellucidula*, que nos encontramos en la mayoría de nuestros ríos, especialmente en zonas de corrientes rápidas.

Sus larvas son campodeiformes y eclosionan desde mediados de mayo hasta finales de agosto, aunque con caudal abundante pueden hacerlo hasta mediados de octubre.

Material de montaje:

- **Collar:** Cuello de gallo pardo flor de escoba maduro mezclado con indio rubión maduro.

- **Alas:** Pluma de gallo pardo flor de escoba tostado.

- **Cuerpo:** *Herl* de pavo oliva claro.

- **Cabeza:** Seda de montaje gris claro.

- **Anzuelo:** #16.

Sarnosa

Patrón utilizado para imitar a la *Brachycentrus subnulibus*, un tricóptero de tamaño mediano que está presente en la mayoría de los ríos y que pertenece a la familia *Brachycentridae*.

Sus larvas son eruciformes y eclosionan desde mediados de abril hasta mediados de mayo, aunque con caudal abundante puede hacerlo hasta principios de junio.

Material de montaje:

- **Collar:** Cuello de gallo indio sarnoso crudo.
- **Alas:** Pluma de gallo indio sarnoso crudo mezclado con pardo aconchado crudo.
- **Cuerpo:** *Herl* de faisán marrón oscuro con terminal verde en *dubbing* sintético.
- **Cabeza:** Seda de montaje marrón oscuro.
- **Anzuelo:** #18.

Sarriosa

Patrón que imita a un tricóptero de tamaño grande, la *Anabolia nervosa*, que pertenece a la familia *Limnephilidae*, presente en la mayoría de nuestros ríos.

Sus larvas son eruciformes y eclosionan entre los meses de julio y noviembre, sobre todo, en zonas de aguas tranquilas.

Material de montaje:

- **Collar:** Cuello de gallo indio rubión maduro mezclado con indio avellanado crudo.
- **Alas:** Pluma de gallo pardo sarrioso maduro (doble).
- **Cuerpo:** *Dubbing* de liebre oliva oscuro.
- **Cabeza:** Seda de montaje negra.
- **Anzuelo:** #12.

Tostada

Patrón que imita a un tricóptero de tamaño mediano, la *Friganea obsoleta*, incluido en la familia *Phryganeidae*, presente en casi todos los ríos.

Sus larvas son eruciformes y eclosionan desde principios del mes de julio hasta finales del mes de septiembre.

Material de montaje:

- **Collar:** Cuello de gallo indio rubión tostado.
- **Alas:** Pluma de gallo indio avellanado tostado.
- **Cuerpo:** *Herl* de pavo beige oliváceo.
- **Cabeza:** Seda de montaje marrón claro.
- **Anzuelo:** #16.

Plecópteros

Langareta

Patrón que imita a un insecto de tamaño mediano perteneciente a la familia *Taeniopterygidae*, la *Brachyptera putata*, presente en los cursos altos y medios de nuestros ríos.

La mejor época de la temporada para utilizarla va desde marzo hasta abril, sobre todo en las aguas frías y rápidas que tienen gran abundancia de oxígeno.

Material de montaje:

- **Collar:** Cuello de gallo pardo langareto tostado mezclado con indio rubión crudo.
- **Tórax:** *Herl* de avestruz negro.
- **Alas:** Pluma de gallo pardo langareto tostado.
- **Cuerpo:** *Herl* de pavo negro.
- **Brinca:** Nailon marrón tostado.
- **Cabeza:** Seda de montaje marrón tostado.
- **Anzuelo:** #16.

Leonesa

Patrón utilizado para imitar a un insecto de tamaño muy grande incluido en la familia *Perlidae*, la *Dinocras cephalotes*; se puede encontrar en corrientes rápidas de los cursos altos y medios de los ríos.

La mejor época de la temporada para utilizarla va desde el mes de abril hasta finales de junio.

Material de montaje:

- **Collar:** Cuello de gallo indio avellanado crudo mezclado con indio rubión entretiempo.

- **Alas:** Pluma de gallo indio avellanado entretiempo y culo de pato gris.

- **Cuerpo:** *Dubbing* de liebre beige oliváceo.

- **Brinca:** No lleva.

- **Cabeza:** *Foam* negro.

- **Saco alar:** *Foam* negro.

- **Colas:** *Quill* de gallo indio rubión entretiempo.

- **Antenas:** *Quill* de gallo indio rubión entretiempo.

- **Anzuelo:** #6.

Pitillo

Este patrón imita a la *Leuctra fusca*, un pequeño plecóptero incluido en la familia *Leuctridae*, que encontramos en los cursos altos de los arroyos y ríos de montaña.

La mejor época de la temporada en la que podemos utilizarla es de julio a octubre.

Material de montaje:

- **Collar:** Cuello de gallo indio acerado crudo.
- **Tórax:** *Herl* de avestruz gris oscuro.
- **Alas:** Pluma de gallo indio avellanado crudo.
- **Cuerpo:** *Herl* de pavo aceituna oscuro.
- **Brinca:** No lleva.
- **Cabeza:** Seda de montaje avellana oscuro.
- **Anzuelo:** #18.

Relinchona

Patrón que imita a la *Isoperla grammatica*, un plecóptero de tamaño mediano perteneciente a la familia *Isoperlidae*; nos la encontramos caminando por los lechos pedregosos de los ríos con corrientes rápidas.

La mejor época de la temporada en la que podemos utilizarla es de abril a agosto.

Material de montaje:

- **Collar:** Cuello de gallo indio acerado pajizo.

- **Tórax:** *Herl* de avestruz amarillo.

- **Alas:** Pluma de gallo indio plateado mezclado con pluma de relinchón amarilla.

- **Cuerpo:** *Herl* de pavo amarillo verdoso.

- **Brinca:** Nailon amarillo huevo.

- **Cabeza:** Seda de montaje amarillo huevo.

- **Colas:** *Herl* de gallo indio acerado pajizo.

- **Anzuelo:** #14.

Dípteros

Mosquito

Patrón que imita a un insecto muy pequeño perteneciente a la familia *Chironomidae*, presente en la mayoría de los ríos.

La mejor época de la temporada para usarlo va de principios de abril a mediados de octubre.

Material de montaje:

- **Collar:** Cuello de gallo indio acerado maduro.
- **Alas:** Pluma de gallo indio plateado.
- **Cuerpo:** Fibras de pavo natural desbarbado.
- **Cabeza:** Hilo de montaje negro.
- **Anzuelo:** #22.

HIMENÓPTEROS

Hormiga alada

Patrón que imita a un pequeño insecto de la familia *Formicidae*, muy presente en nuestros ríos.

La mejor época de la temporada para utilizarlo va desde finales de mayo hasta finales de junio, aunque con caudal abundante, se puede alargar su uso hasta mediados del mes de octubre, en especial, en esos momentos del día que preceden a las tormentas.

Material de montaje:

- **Collar:** Cuello de gallo indio negrisco.
- **Alas:** Puntas de pluma indio avellanado maduro.
- **Cuerpo:** *Foam* negro.
- **Cabeza:** Hilo de montaje negro.
- **Anzuelo:** #20.

LAS NINFAS

Estas artificiales son montadas sobre anzuelos curvos, con la curvatura adaptada a la forma del insecto concreto que se pretende imitar.

En su montaje, se utilizan los mismos materiales que para las artificiales anteriores, pero a diferencia de ellas, en este caso se les suele añadir algún material que les aporte un peso extra, permitiendo así, un descenso más rápido de la artificial; para ello, se suelen utilizar hilos pesados, bolas, cuerpos, o cualquier otro material de los que ya hemos comentado en el capítulo correspondiente de este libro.

A continuación, vamos a mencionar los patrones más habituales que podemos montar para imitar los insectos, que en esta fase, podemos encontrar en nuestros ríos, y a los cuales, también hemos dedicado la correspondiente sección en este libro.

A la hora de utilizar un patrón u otro, conviene constatar su presencia en las aguas a pescar, rastreando entre las piedras y vegetación acuática, para de esta manera, tener la seguridad que nuestra imitación es el insecto que en ese momento está sirviendo de alimento a los peces.

Cangrejilla

Patrón utilizado para imitar a la ninfa de un efemeróptero del tipo rastreadora.

Podemos observarla todo el año en los fondos cenagosos de los ríos.

Material de montaje:

- **Anzuelo:** #16.
- **Cola:** Fibras de faisán marrón oscuro sin desbarbar.
- **Cuerpo:** *Dubbing* sintético naranja tostado con costera de plástico marrón.
- **Brinca:** Hilo metálico dorado.
- **Tórax:** *Dubbing* sintético naranja tostado.
- **Saco alar:** Fibras de faisán sin desbarbar en marrón oscuro.
- **Patas:** Fibras de faisán marrón oscuro sin desbarbar.
- **Cabeza:** Hilo de montaje avellana claro.

Frailuco

Patrón utilizado para imitar a la ninfa de un efemeróptero del tipo nadadora.

Podemos observarla todo el año en los ríos de aguas tranquilas.

Material de montaje:

- **Anzuelo:** #16.
- **Cola:** Pluma de gallo pardo aconchado tostado.
- **Cuerpo:** Fibras de pavo desbarbadas oliva oscuro.
- **Brinca:** Hilo metálico dorado.
- **Tórax:** *Dubbing* de liebre oliva.
- **Saco alar:** Fibras de faisán sin desbarbar marrón claro.
- **Patas:** Pluma de gallo pardo aconchado tostado.
- **Cabeza:** Hilo de montaje oliva grisáceo.

Gusano

Patrón utilizado para imitar a la larva de un tricóptero del tipo campodeiforme.

Podemos observarla todo el año deambulando por los fondos de los ríos.

Material de montaje:

- **Anzuelo:** #12.
- **Cuerpo:** *Dubbing* sintético oliva verdoso.
- **Brinca:** Hilo metálico dorado.
- **Tórax:** *Dubbing* de liebre tostado.
- **Costera dorsal:** Plástico verde.
- **Patas:** Fibras de faisán marrón sin desbarbar.
- **Cabeza:** Hilo de montaje negro.

Gusarapín

Patrón utilizado para imitar a la ninfa de un efemeróptero del tipo deprimida.

La podemos observar durante todo el año en las corrientes rápidas de los ríos de montaña.

Material de montaje:

- **Anzuelo:** #14.

- **Cola:** Fibras de faisán marrón sin desbarbar.

- **Cuerpo:** *Dubbing* sintético naranja tostado con costera de plástico oliva.

- **Brinca:** Hilo metálico dorado.

- **Tórax:** *Dubbing* sintético oliva dorado.

- **Saco alar:** Pluma compacta verdosa recortada.

- **Patas:** Fibras de faisán oliva sin desbarbar y anudado.

- **Cabeza:** Pluma compacta verdosa recortada y con ojos.

Maravallo

Patrón utilizado para imitar a la larva de un tricóptero del tipo eruciforme.

Podemos observarla todo el año deambulando por los fondos de los ríos.

Material de montaje:

- **Anzuelo:** #12.
- **Cuerpo:** *Dubbing* sintético amarillo pálido.
- **Brinca:** Hilo metálico dorado.
- **Tórax:** *Dubbing* de liebre tostado.
- **Costera dorsal:** Plástico transparente.
- **Patas:** Pelo de ciervo tostado.
- **Cabeza:** Hilo de montaje negro.

Polaca

Patrón utilizado para imitar a la ninfa de un efeméroptero del tipo excavadora.

Podemos observarla todo el año en los ríos con fondos arenosos.

Material de montaje:

- **Anzuelo:** #10.
- **Cola:** Fibras de faisán rojizo sin desbarbar.
- **Cuerpo:** *Dubbing* sintético amarillo claro.
- **Brinca:** Hilo metálico dorado.
- **Tórax:** *Dubbing* de liebre amarillo.
- **Saco alar:** Plástico marrón oscuro.
- **Patas:** Pelo de ciervo amarillo.
- **Cabeza:** Hilo de montaje amarillo.

Quironómido

Patrón que imita a la ninfa de un quironómido.

Nos la podemos encontrar a lo largo de todo el año en todas las masas de agua, incluso las contaminadas.

Material de montaje:

- **Anzuelo:** #18.
- **Cola:** Pluma de marabú blanca.
- **Antenas:** Pluma de marabú blanca.
- **Cuerpo:** Fibras de pavo negras sin desbarbar.
- **Brinca:** Hilo metálico plateado.
- **Tórax:** *Dubbing* sintético negro con alas incipientes de culo de pato.
- **Saco alar:** Plástico verde oscuro con brillo.
- **Patas:** Pelo de ciervo beige.
- **Cabeza:** Hilo de montaje negro.

Rancajo

Patrón que imita a la ninfa de un plecóptero.

Podemos observarla a lo largo de todo el año, caminando por los fondos pedregosos de las aguas rápidas, puras y frías de los arroyos y ríos de montaña.

Material de montaje:

- **Anzuelo:** #14.
- **Cola:** Fibras de gallo amarillas desbarbadas.
- **Antenas:** Fibras de gallo amarillas desbarbadas.
- **Cuerpo:** *Dubbing* sintético amarillo con costera ocre.
- **Brinca:** Hilo metálico dorado.
- **Tórax:** *Dubbing* sintético amarillo.
- **Saco alar:** Pluma de pato amarilla recortada en tres secciones.
- **Patas:** Fibras de gallo amarillas sin desbarbar y anudadas.
- **Cabeza:** Dubbing sintético amarillo con ojos.

OTRAS ARTIFICIALES

Gammarus (crustáceo)

Este patrón suele imitar a un pequeño crustáceo que forma parte importante en la dieta de los peces, por el aporte que les proporciona de quitina, calorías y proteínas, motivo por el cual, a pesar de no estar incluido en el grupo de los insectos, merece una mención en este libro.

Está presente a lo largo de todo el año en los lechos con hierbas y ranúnculos de los grandes ríos.

Material de montaje:

- **Anzuelo:** #12.
- **Cola:** Pluma de gallo beige.
- **Antenas:** Pluma de gallo beige.
- **Cuerpo:** *Dubbing* de liebre tostado.
- **Brinca:** Nailon marrón.
- **Costera dorsal:** Plástico beige.
- **Patas:** Pelo de liebre tostado.
- **Cabeza:** Hilo de montaje blanco con ojos.

Streamer (pececillo)

Este patrón, como ocurre con el anterior, no se corresponde con un insecto de nuestros ríos.

Sin embargo, una vez que esta imitación de pececillo, es muy usada a lo largo de todo el año, sobre todo para ciertas especies y en determinadas situaciones, creo necesario incluirla también en el libro, completando así, la información dedicada a las artificiales usadas para la pesca a mosca.

Material de montaje:

- **Anzuelo:** #6.

- **Cola:** Pluma de marabú negra.

- **Cuerpo:** *Dubbing* sintético oliva oscuro.

- **Brinca:** Hilo metálico dorado o fibras de gallo rojo oscuro enrollado sin desbarbar.

- **Patas:** Goma marrón oscuro.

- **Cabeza:** Bola metálica dorada.

Agradecimientos

A todos los pescadores que he conocido a lo largo de mi vida, por sus sabias enseñanzas, las cuales, a pesar de mi tozudez y terquedad, me han convertido en el pescador que soy hoy; en especial, a *Bernardo Martínez Carrizo*, cuyas aportaciones para la realización de este libro han sido fundamentales.

Al Ayuntamiento de Soto de la Vega, en la provincia de León, por la información facilitada a través del *Museo mundo mosca*.

A *Rafael del Pozo Obeso* (†), autor del libro *Moscas para la Pesca*, una magnífica obra que me ha permitido ampliar mi conocimiento sobre esta apasionante modalidad de pesca.

A los autores de las siguientes fotografías, por su altruismo a la hora de compartirlas:

- Pág. 5: Ezekiel Morin, Pixabay.
- Pág. 13: Barbara Jackson, Pixabay.
- Pág. 15: Udo Schroeter, Pixabay.
- Pág. 19: Ярослав Ходан, Pixabay.
- Pág. 25: Django il bastardo, CC BY 2.0.
- Pág. 28: Gailhampshire, CC BY 2.0.
- Pág. 30: Katja Schulz, CC BY 2.0.
- Pág. 31: Katja Schulz, CC BY 2.0.
- Pág. 32: HarmonyonPlanetEarth, CC BY 2.0.
- Pág. 33: Gailhampshire, CC BY 2.0.
- Pág. 34: Walter Frehner, Pixabay.
- Pág. 35: Leonhard Niederwimmer, Pixabay.

Agradecimientos

- Pág. 37: Susanne Jutzeler, Pixabay.
- Pág. 49: Pirkko Seitsenpiste, Pixabay.
- Pág. 63: Pirkko Seitsenpiste, Pixabay.
- Pág. 71: Jason Gillman, Pixabay.
- Pág. 81: Judy Snyder, Pixabay.
- Pág. 93: 17332085, Pixabay.

Printed in Great Britain
by Amazon